やまと言葉を遡る

―李寧熙《イヨンヒ》の解読を基に―

仕田原 猛

海風社

この本を
私を大学に行かせようと
夜中も外へ出て働き
私の卒業を 見ることなく逝った
母 みさ に捧げる

やまと言葉を遡る

李《イ》寧《ヨン》熙《ヒ》の解読を基に

目次

第二部　語源を辿る

はじめに

一九八九年八月、文藝春秋社から韓国の作家、李寧熙《イヨンヒ》女史著の『もう一つの万葉集』が出版された。その内容は、万葉仮名で書かれた『万葉集』四千五百十六首のうち、意味不詳あるいは難訓歌とされている十一首を取り上げ、古代日本語・古代韓国語と吏読《イドゥ》（古代韓国語を漢字を用いて表記した借字文）の知識を駆使して解読したものであった。吏読については二七ページに述べてあるので参照ねがいたい。

李寧熙女史の主張は次の通りである。

『万葉集』は、五世紀から八世紀にかけて、主として渡来人貴族によって詠まれたが、『万葉集』は、単なる花鳥風月、人間の喜怒哀楽を詠んだものでなく、政権確立の宣言・人物批判・闘いへの檄など、政治的なメッセージが多く含まれている。正しく訓《よ》んで『日本書紀』『古事記』『風土記』などの日本の古史書や『三国史記』『三国遺事』などの韓国の史書と綿密に比較検討することで、日韓の歴史の真相が浮かび上がる。

『万葉集』には、六千を超える、いわゆる枕詞がある。これらは今日まで、意味が失われたまま伝承された和歌の修辞用語とされてきたが、古代韓国語で読むと、はっきりとした意味を持つ言葉であり、修辞用語でなく主として歌の本体である。また枕詞の他に、意味のない接頭語として片づけられているものも、古代韓国語でよめば、きちんとした意味を持っている。

李寧熙女史は、『もう一つの万葉集』に続いて、『枕詞の秘密』(一九九〇年四月)・『天武と持統』(一九九〇年十月)・『日本語の真相』(一九九一年六月)・『フシギな日本語』(一九九二年四月)・『甦える万葉集』(九九三年三月)・『怕《おそ》ろしき物の歌』(一九九三年十月)を続けて出版した(以上七冊文藝春秋刊)。

『もう一つの万葉集』の読者の中には、李寧熙女史の考えに理解を示す人たちも数多くいた。一九九〇年一月、「もう一つの万葉集を読む会」が発足、同時に会員誌(月刊)『記紀・万葉の解読通信』が発行された。やがて会員数は、二千人にも達した。

これに対し日本の学界の批判は厳しいものがあった。多くの国文学者たちが反対意見を述べた。計量比較言語学者の安本美典氏は、『朝鮮語で「万葉集」は解読できない』(一九九〇年二月)を、国文学者の西畑幸雄氏は『古代朝鮮語で日本の古典は読めるか』(一九九一年十一月)などを出版し、反論した。

ただ、私が不思議に思ったのは、反論している学者が古代韓国語・吏読はおろか、現代韓国語すら知らない人たちであるということであった。

『記紀・万葉の解読通信』は、一時、中断したこともあったが、一九九八年八月発行の第九二号まで続いた。その後、一九九九年五月には「李寧熙後援会」が発足し、七月に会報(隔月)『まなほ』が発行された。『まなほ』は十七年間、途切れることなく続いたが、李女史の健康のこともあり、二〇一六年五月号(第一〇二号)をもって終刊した。

これまでに李女史による『万葉集』の解読は、約百五十首に及び、結果として古代日本史上の事件・人物についても従来説を覆す多くの発見があった。

解読の過程で日本語の語源解明が進んだ。日本語の基になる言葉は、上古以来、朝鮮半島の各国からの多数の渡来人によってもたらされた。それが日本の風土の中で変化・成長し、日本語が形成されてきた。

私は『まなほ』の終刊を一つの区切りと考え、「日本語のルーツが韓国語にあること」に関する考察をまとめることとした。

一般に、二国間の言語が同系統である証拠として、身体語・天体語・数詞の一致が挙げられる。私はそれだけでなく、「名」「菜」「魚」「叩き」「皮」「箱」「葉」など日常生活に密着した純粋な「やまと言葉」と思われている日本語の語源を取り上げて、李寧煕説を紹介しながら私見を交えて述べることとした。

日本語と韓国語のつながりを主張する人・否定する人々の意見も簡単にまとめて李寧煕女史との違いを紹介した。

長年取り組んできた「李寧煕の法則」を応用した「植物和名の語源」についてもまとめてある。

世界の先進国で、自国語のルーツが不明という国はそう多くない。一衣帯水と言われる日本と韓国の関係に目を向け、日本語のルーツは韓国語であるとご理解いただくことを切望してやまない。

執筆中に病状が悪化し入院を余儀なくされた。以降の編集作業・内容補足は「李寧煕後援会」会報『まなほ』編集長の辻井一美《ひとみ》さんに引き継いでいただいた。

妻・順子《のぶこ》には全面的に協力してもらった。理解と後押しがなければ、出版に漕ぎつけることはできなかったと思われる。

出版を快く引き受けていただいた海風社の作井文子社長はじめ、編集部松井初美取締役部長に心からお礼を申し上げる。また海風社との橋渡しをかって出てくださった金 敬 善《キムキョンソン》韓国語学院理事長森本紀正氏や、手助けしていただいた『まなほ』会員の斎藤淳子さんにもこの場をお借りして厚くお礼申し上げます。

仕田原　猛

おことわり

韓国語を表すのに、原則的にカタカナとハングルで表記することとした。

韓国語には平音というのがある。例えばハングルで「가」は、日本語の「か」と「が」の中間音でカタカナでこれを表記しようとすればカかガになる。辞書によってどちらかを採用しているが、李寧熙女史の考え通りガと表記する。語頭の濁音についても表記は濁音のままとする。李寧熙女史が使用している大韓民国内で発行の辞書（主に『民衆エッセンス韓日辞典』など）で採用しているもので、一九八二年公表された表記法に従っている。

また、韓国語には濃音・激音という発音がある。カタカナ表記には限界があるが、例えば濃音の따(dda)・激音の타（ta）は、どちらも「タ」とした。

韓国語には、日本語にない、英語のオ母音のようなものがある。eo とローマ字表記されているが、片仮名ではこれを「ヲ」とした。語末音は「ル」「プ」などのように小さく表記した。

「韓国」という呼称について

現在の「大韓民国の略称としての韓国」として使用していない。古代から韓半島にあった高句麗・百済・新羅・伽耶やその前身の国々で、「からくに」と大きくとらえていただきたい。「日本」と「日本人」についても同様、当時の列島に居住、または、からくにと往来して暮らしていた人々の意で使用している。

第一部　日本語と韓国語

第一章　日本語のルーツは韓国語である

日本語と韓国語の共通点

1：日韓両国語は、文法構造が同じである。

◎語順が同じである。

英語のような「主語―動詞―目的語」型ではなく、日本語と同じ「主語―目的語―動詞」型である。

◎膠着語《こうちゃくご》に属し、「私は学校へ行く」などのように名詞の後に助詞がつく。

「私は行かない」などのように動詞の後に助動詞がつく。

膠着語は、言語の形態論上の分類の一つ。ドイツの言語学者・政治家でフンボルト大学（ベルリン大学）の創設者ヴィルヘルム・フォン・フンボルトによって一八三六年に提唱された。フンボルトに始まる西洋の言語形態学では、世界の言語を、孤立語、膠着語、屈折語に分類している。孤立語は中国語に代表される。それぞれが独立して完結した意味を持った単語を、単純に重ねることで文を構成するものである。

屈折語とはヨーロッパの言語をさしていう。人称、時制、格などにしたがって単語が複雑に変化することを屈折と表現したものである。

膠着語に分類される言語は、トルコ語・テュルク諸語・日本語・朝鮮語・満州語・モンゴル語・フィンランド語・ハンガリー語・タミル語などである。独立した単語を、助詞や助動詞によってつなぎ合わせることで、文章を表現するもので、助詞や助動詞が、昔から接着剤として使われてきた膠《にかわ》のような役割を果たすことに着目して、膠着語と名づけられた。

名詞が主語・目的語・副詞のいずれの役割をするかは、名詞の後に「て・に・を・は」といった「助詞」などを付けることで決定される。これは日本語も韓国語も同じである。

「私は　花を　摘んだ」の場合、主語は「私」、「花」は目的語。

「花が　風に　揺れる」の場合は「花」が主語、「風」が補語になる。
◎「……は……が……だ」の構文があり、韓国で今も普通に用いられている。
「私は英語が苦手だ」は、韓国語では「ナ（私）ヌン（は）ヨンヲ（英語）ガ（が）ソトゥルダ（苦手だ）」になり、日本語と全く同じである。
◎代名詞は、コレ（イゴヲッ・이것）・ソレ（グゴヲッ・그것）・アレ（ジョゴヲッ・저것）の三区別を持つ。
◎助詞が一致する。
日本語「が」（体言・連体形につく。人を表す語につくことが多い）：韓国語「ガ」（가）またはイ（이）
日本語「へ」（動作の移動の目標を示す）：韓国語「エ」（에）
日本語「を」（動作の及ぶ対象を示す）：韓国語「ルル」（를）または「ウル」（을）が「を」になった
日本語「と」（並立や動作・作用の結果を示す）：韓国語「ワ」（와）または「ガ」（과）
日本語「や」（呼びかけの意を表す）：韓国語「ヤ」（야）
◎「語尾」が一致する。
断定の「〜だ」：韓国語「〜ダ」（다）
質問の「〜か」：韓国語「〜カ」（까）
伝聞の「〜て」：韓国語「〜テ」（대）

2：両国語に擬態語があり、韓国語から日本語になったと思われるものも多い。

擬態語については別項（二〇〇ページ）で述べてある。

3：R音とL音の区別がない。

多くのアルタイ語はR音とL音の区別を持つが、日本語と韓国語には区別がない。

韓国語から日本語への変転の法則

李寧熙《イヨンヒ》女史は一九八九年文藝春秋社から『もう一つの万葉集』を出版、続いて『枕詞の秘密』『日本語の真相』『天武と持統』『フシギな日本語』『甦える万葉集』『怕ろしき物の歌』を出版しながら日本の読者の要望に応えて『記紀・万葉の解読通信』に執筆。その後河出書房新社から『もうひとりの写楽』を出版。一九九九年七月からは「李寧熙後援会」会報『まなほ』に二〇一六年五月号(第一〇二号)の終刊までに万葉歌をはじめ、古代歌謡・日韓の金石文碑文の解読などを続けてきた。

七世紀から八世紀にかけて詠まれた『万葉集』は、古代韓国語を日本式吏読《イドウ》体つまり万葉仮名で表記したものである。吏読については別項の二七ページに述べてあるのでご参照ねがいたい。

解読された万葉歌はおよそ百五十首。その解読結果から日韓古代史の真相が明らかにされたが、その過程で膨大な日本語の語源が解読されることになった。

紀元前から、古代の韓半島からは日本列島に集団で渡る人々が後を絶たなかった。温暖で雨が多い日本列島は水田耕作に適し、川からは砂鉄が採れた。木もよく育った。

集団移動は、大きく「三つの波」に分けられる。

第一の波は、紀元前三世紀頃から紀元二世紀にかけて、農耕・鉄器文化と共に韓半島南部から押し寄せた。「伽耶《ガヤ》・新羅《シンラ》及びその前身の部族国家グループの波」である。この中心を占めているのが濊《エエ》と呼ばれる部族である。濊については別項二九ページに述べているのでご覧いただきたい。

伽耶連盟国(時代によって五カ国、または六カ国以上あった)は、六世紀半ばに新羅に併合され、多くの渡来人が日本列島に流れ込んだ。

第二の波は、四世紀末の「百済《ペクジェ》の波」である。

高句麗《ゴクリョ》の広開土大王（三九一年即位・四一三年没・日本では好太王と呼ばれる）は百済を攻め、難を避けた百済の王族はじめ、高官、学者、将軍たちは、技術集団を引き連れて日本に渡った。

また、自ら進んで日本列島に「進出」した百済人もいた。韓国の川からも砂鉄はとれたが、決定的に不足していたのが「木」であった。江戸時代の近世たたら製鉄においても、砂鉄十トンに対し炭はそれ以上の十二トン必要であった。山一つ丸裸になる量。その山が元通りになるには、雨の多い日本列島でさえ三十年かかるとされる。韓半島の製鉄王たちは、常にこの「木」で頭を悩ませていた。新羅第二代王南解王の名は「木王」という意味であった。

濊系の百済人であった応神天皇こと王仁《わに》の正体は、百済王子辰孫王。この人物も「木を求めて日本に進出」した一人であった。もちろん製鉄技術者集団を率いての渡来であった。応神は日本で二番目に大きな前方後円墳の被葬者とされている。前方後円墳は濊の葬制であった。

第三の波は、七世紀後半の「百済・高句麗の波」。

六六〇年、百済滅亡。日本では、百済滅亡を六六三年と見做《みな》している。日本から大援軍を送り込み、大敗したのが六六三年だからである、当時の天皇斉明《さいめい》の前身は、百済武王《ムワン》妃宝《ボ》王女、その息子中大兄《なかのおほえ》こと天《てん》智《じ》は百済王子翹岐《ヒョーギ》である。

続く六六八年には高句麗が滅亡する。高句麗・百済両国の権力層は学者や僧侶、医者をはじめ、あらゆる分野の専門家や技術者たちを伴い、日本に集団亡命した。これがいわゆる「今来《いまき》の人々」である。壬申の乱で権力を掌握した天武《てんむ》天皇の前身は、高句麗将軍淵蓋蘇文《ヨヲンゲソムン》。その孫とされている文武《もんむ》天皇は、天武の長男で新羅の文武大王《ムンムデワン》だった人物。母親は金官伽耶《ガヤ》の直系子孫金庾信《ギムユシン》の妹宝姫《ボヒ》であった。

以上、三つの大きな「古代韓国人（特に支配集団）渡来の波」は、日本に古代韓国語の形跡を深く残すことになった。言葉は、支配者の言葉で支配されるからである。

第一の波による伽耶・新羅言葉の跡。

第二の波による百済言葉の跡。特に漢字の日本式音読・訓読に与えた百済言葉の跡。

第三の波による百済・高句麗言葉の跡。特に文化語に見える百済・高句麗語の跡が著しい。とりわけ日本の数詞は高句麗語だった。数詞の語源は第二部第一章一〇四ページをご覧いただきたい。

隣り合った国同士の言葉の例として有名なのが英語である。フランスのノルマンディー公が十一世紀にイングランドを征服し、宮廷ではフランス語を使っていたが、現地の言葉と混ざりそれが今日の英語のもとになった。いわゆるオールドイングリッシュである。日本語と韓国語の関係は、英語とフランス語よりもはるかに長く、さらに複雑に混ざり合ってきた。

古代語にとどまらず、江戸時代言葉の中にも少なからぬ「朝鮮語」の影を見いだすことができる。江戸時代の朝鮮通信使が残したと思われる近世の言葉である。

日本語と韓国語の長いつながりを実感させる事実である。

韓国語が日本語に変化する法則

李寧熙女史によって「韓国語が日本語に変化する法則」が整理されている。

古代韓国語が日本語に変転した過程は、大きく三通りに分けることができる。

Ⅰ：音韻変化の法則による場合

音の変転による過程で、古代韓国語が日本語に変わっている場合。

ドンモ（友）↓とも（友）・ドンの語末音ンが省略され、ドが清音化され、「とも」になった。

ガム（酋長・女神）↓かみ（神）・ガムの語末音に母音イがついてガミになり、清音化されて「かみ」となった。

バダ（海）↓わだ（海）・子音がb音からw音に変音した。

ジャジャ（勧誘語）↓ささ（後に「さあさあ」になった・勧誘語）・子音がj音からs音に変化。

ドガ（崖・塚）↓つか（塚）・子音d音がts（つ）音になった。

アッ（百済語の「端」）↓語末音が消えて「あ（足の古語）」、のびて「あし」。語末音の消滅ともう一つの音にのびることで生まれた言葉。こうした変化は平安時代に至り、ひらがなが発明・使用されることで加速した。

音の変転による変化は「李寧熙の変転の法則」として十二条にまとめられている。

「李寧熙の変転の法則」

変転の法則その一

①韓国語の語末音は消される　②韓国語の語末音はもう一つの音にのびる

変転の法則その二

韓国語の濁音は①語頭では清音になり、②語中では濁音を維持する
変転の法則その三
韓国語の母音は日本では大幅に略される
変転の法則その四
韓国語の子音 j 音は日本では s 音になる
変転の法則その五
韓国語の子音 d・t 音は日本語の ts（つ）・z（ず）音になる
変転の法則その六
韓国語の b・p 音は日本に来ると h・w・a 音になる
① b 音が h 音になる　② p 音が h 音になる　③ b 音が w・a 音になる
変転の法則その七
韓国語の① o ② eo などア行音の一部は日本に来ると g・k 音になる
変転の法則その八
韓国語の語末音 ng 音は日本に来ると u（う）・i（い）音になる
変転の法則その九
韓国語の語末音 l（ル）音は日本に来ると ts・ch 音になる
変転の法則その十
韓国語の複合語末音のうち第一音は、日本に来ると消え、第二音は独立してもう一つの音節となる

変転の法則その十一

韓国語の子音のうち①n音と②m音は、日本に来ても変音しない

変転の法則その十二

韓国語のうち①儀式　②技術　③幼児語の大部分は、原音のまま日本語になっている

Ⅱ：意味の変化による場合

・ノロノロ（遊び遊び行動するさま）↓のろのろ（のろいさま）

・サム（生）↓すむ（住む・棲《す》む）

・ネリ（宣下《せんげ》・宣旨《せんじ》を下すこと）↓のり（法・おきて）

・ガンナイ（女）↓かない（妻）

・グジュ（汚物）↓くず（屑）

・イプ（口）↓言《い》う

・ギィ（耳）↓聞《き》く

Ⅲ：吏読表記を日本式によむことによる場合

漢字を媒体とした変転方式。

吏読表記した古代韓国語を元の韓国式に読まず、日本式に読んだことから生まれ落ちた言葉。平安時代以降の『万葉集』訓読の誤訳などから多く発生した。漢字を媒体とした世界に類例を見ない、日本と韓国

独自の変化。

▼達（たち）

まず、ダルという複数を意味する接尾語の韓国語を、ダルと韓国式音よみで読まれる漢字「達」で表記する。

「達」を、日本式漢字の音よみで「だち」と読む。ここから、複数を意味する接尾語「だち」「たち」という日本語が作り上げられた。

こうした変転は、枕詞・人名・地名に多い。誤訳から生まれた「日本語」である。

▼「稲で編んだ席。敷く・交わす（重ねる）などの状態」を表し「川」にかかるとされる枕詞「いなむしろ」は「伊奈牟之呂」「伊奈武思呂」「稲筵」などと表記されている。「伊奈宇之呂」は「いなうしろ」とよまれているがこれも意味は「いなむしろ」と同じだとされている。

ところがこれらを古代韓国語でよむと別々の意味が浮かび上がる。

「伊奈牟之呂」は「すぐいけぬ」の意のイネモッガラ。

「伊奈武思呂」「稲筵」はイネムジルロとよまれ「すぐ攻めて」「すぐ押し伏せて」をあらわす言葉。

「伊奈宇之呂」は「すぐ泣くので」のイネウジラを表す。

日本式に「いなむしろ」と読んだことから意味の違う別々の言葉が「同じもの」にされてしまった例である。

▼「鉄延ばし差し込み」の意のサペキを「佐伯」と表記。「さへき（さえき）」と読む。

▼「外つなぎ・外の者」の意のバシイ・バシニを「間人」と表記。「はしひと」あるいは「たいざ」と読む。

▼「日照りになって潤す」の意のガㇺガシを「甘橿」と表記。「あまかし」と読む。

▼「新しく耕す」の意のガセガㇽを「春日」と表記。「かすが」と読む。

▼「火の本」の意のブㇽボンを「扶桑」と表記。「ふそう」と読む。

▼「王の原」の意のジボㇽを「耳原」と表記。「みみはら」と読む。

▼「だしぬけです」の意のガチェイシドを「如是有刀」と表記。「かからむと」と日本式によんだことから生まれた言葉が「こうなるであろうと」の意とされている「かからむと」。

▼「足りないわね（会話体）」の意のメジラジを「梅豆邏志」と表記。これを「めずらし」とよんだことから日本語「めずらし（現代語「珍しい」）」が生まれた。

『枕詞の秘密』『日本語の真相』「記紀・万葉の解読通信」『まなほ』などからまとめた。

李寧熙《イヨンヒ》の変転の法則

変転の法則その一

①韓国語の語末音は消される ②韓国語の語末音はもう一つの音にのびる

変転の法則その二

韓国語の濁音は ①語頭では清音になり、②語中では濁音を維持する

変転の法則その三

韓国語の母音は日本では大幅に略される

変転の法則その四

韓国語の子音ｊ音は日本ではｓ音になる

変転の法則その五

韓国語の子音ｄ・ｔ音は日本語のts(つ) z(ず)音になる

変転の法則その六

韓国語のｂ・ｐ音は日本に来るとｈ・ｗ・ａ音になる

①ｂ音がｈ音になる ②ｐ音がｈ音になる ③ｂ音がｗ・ａ音になる

変転の法則その七

韓国語の① o ②eo などア行音の一部は日本に来るとｇ・ｋ音になる

変転の法則その八

韓国語の語末音 ng 音は日本に来ると u(う) i(い)音になる

変転の法則その九

韓国語の語末音ｌ(ル)音は日本に来ると ts・ch 音になる

変転の法則その十

韓国語の複合語末音のうち第一音は、日本に来ると消え、第二音は独立してもう一つの音節となる

変転の法則その十一

韓国語の子音のうち ①ｎ音と ②ｍ音は、日本に来ても変音しない

変転の法則その十二

韓国語のうち ① 儀式 ② 技術 ③ 幼児語の大部分は、原音のまま日本語になっている

吏読について

吏読《イドゥ》とは、漢字の音よみ、訓よみから生じる音を活用して韓国語を表記する方法で、「郷札《ヒャンチャル》」ともいわれた。「吏頭」とも表記した。

①何字かの漢字の音を合わせて韓国語を表現する（漢字の初声・中声だけをとってよむことが多い）
②訓をそのまま韓国語の単語に切り替える
③音訓混合よみで単語を表現する
④訓が意味する複数の単語の第一字目だけをとり、それを集めて一つの言葉を表現する
⑤音訓混合で④のよみ方をする

など様々な方法が用いられた。

吏読は新羅の薛聰《ソルチョン》（生没年不詳・七世紀後半から八世紀前半頃の新羅の儒学者。号は于堂。新羅時代の高僧として知られる元暁の子）が整理したとされているが、それよりはるか以前から使われており、ハングルの発明（一四四六年に朝鮮王朝第四代国王世宗が「訓民正音《フンミンジョンウム》」・Hummin Jeong-eum、略称：「正音」の名で公布した）以後も朝鮮王朝末期まで、公文書にも広く使われていた。「吏読」とは「官吏の読み方」の意でもある。

新羅・百済・高句麗三国の各国ではそれぞれ方言が異なり、表記法も異なっていた。秘密保持のためにも互いに判読不能であったことが、敏達天皇の時、高句麗王から届いた国書を朝廷の学者たちがよめず、船史王辰爾《ふねのふびとおうじんに》がよんだ故事によっても分かる。『三国史記』『三国遺事』などの地名・人名・官職名

などは吏読で書かれている。

この吏読を応用して当時の日本語を表記したものが「万葉仮名」である。『古事記』『日本書紀』『風土記』など日本の古文献の地名・神名・人名・官職名などは吏読式に表記されている。

吏読の知識なくしては『万葉集』はじめ日本の古文献・韓国の古史書の真の解読は不可能である。

朝鮮総督府中枢院は、朝鮮古文書研究に吏読が必須と考え、大正時代から金聖睦氏に嘱託して吏読を蒐集編纂し、一九三七年に『吏読集成』を発行している。

濊について

神話時代、日本列島に二大部族が住んでいた

日本の歴史学者たちはもちろん、韓国の学者たちの誰も気付いていないが、神話時代から、日本列島には朝鮮半島から渡って来た二大部族が住んでいた。

中国の周代以降の記録に濊《エエ》・貊《メク》の名が見える。漢代に入り「濊貊」と一体に記されるケースが増えるが、厳密には濊族・貊族と呼ばれる別の部族であった。両部族は日本列島で相争い日本の歴史を作ってきた。

李寧熙女史は、『古事記』『日本書紀』の「歌謡」、『万葉集』などの解読からこの事実に気付き、実態の解明に注力してきた。ここでは「濊について」と題して、その一部を紹介しよう。

中国上古音では「倭」と「濊」は殆ど同音に発音されていた。濊＝倭だったのである。倭国と呼ば

れていた日本の成り立ちにもかかわるこの濊は、その後の時代においても重要な存在で、長く影響を残した。

倭の女王卑弥呼について記述があることで有名な通称『魏志倭人伝』(『三国志・魏書』)。邪馬台国に関する記述は、その「東夷伝・倭人条」に記されている。同じ『三国志・魏書』の弁辰条には「国、鉄を出す。韓、濊、倭皆これを取る」という記述がある。

弁辰は弁韓《べんかん》とも呼ばれた。紀元前二世紀末から四世紀にかけて朝鮮半島南部に存在した三韓の一つ。馬韓の東、辰韓の南、日本海に接し、後の任那・加羅と重なる場所にあった地域である。その境は、辰韓と接しており、入り組んでいた。のち、金官国(駕洛国《ガラク》)がこの地域の盟主となり、それぞれの国家の連合をつくった。

濊は、紀元前八世紀以前から、韓半島北端の豆《トウ》満江《マンガン》岸茂山《ムサン》の嵌入《がんにゅう》地帯、つまり砂鉄が豊富に集まるところの所謂《いわゆる》「三日月地帯」に製鉄国を築き、栄華を誇った部族国家である。『後漢書』東夷伝・『三国志』魏書東夷伝に濊として記述されている。

後代、砂鉄・鉄鉱石が共に産出された今の韓国江原道《ガンウォンド》一帯の鉄産地に南下、「東濊《ドンエ》」、または「濊国」「鉄国」などの名で製鉄を続ける一方、早くから日本列島に進出して勢力を広げていた。

一方、韓半島東海岸をさらに南下した濊族は、江原道に発し釜山金海で海に注ぐ大河洛東江《ナクトンガン》の支流域に伽耶《ガヤ》諸国を建てた。製鉄に優れた国々だった。その後、栄山江《ヨンサンガン》の流域を経て、西海岸を北上したと見なされる。

日本神話で「国生み」をしたとされる伊奘諾尊《いざなぎのみこと》・伊奘冉尊《いざなみのみこと》は、この濊の兄妹であった。イザナギとは「繫ぎの生み主」イザナミは「繫ぎの生み女王」を意味する名前である。

「伊奘」の別表記「去来」は、ヱェ・ネとよまれ「濊の者」「濊の国」を表す言葉である。

イザナギは、伽耶の盟主大伽耶の伊珍阿鼓《イジンアチ》と同一人物とみられる。

「国を生んだ」ということは、その地に勢力を張ったということである。『古事記』と『日本書紀』本文と一書では順番は違うが、淡路島・四国・隠岐・筑紫（九州）・対馬・佐渡・吉備児島・小豆島・大八洲《おおやしま》などを次々と生む。

一方、貊は「くも」「くま」「こま」などと呼ばれ、「雲」「熊」「隈」などと表記されていた。

濊族は虎をトーテムとし、貊族は熊をトーテムとしていた。古朝鮮の建国神話に登場する、人間になり損ねた虎と、人間の女になって朝鮮の始祖である天帝の子を生む熊の話は、この濊と貊の関係を表わしたものである。

日本神話では、素戔嗚《すさのを》と八岐大蛇《やまたのをろち》の争いが代表的な濊貊戦争である。従来妻問いの歌とされてきた歌謡一番「八雲立つ……」は「濊と貊が戦って、貊が勝った……」という貊の戦勝歌。

雄略天皇の「妻問いの歌」とされてきた『万葉集』巻第一―一歌には「興毛興呂毛」なる題詩が添えられている。この「興毛」が「貊」のことで、「興毛興呂毛」はゴモゴロモとよまれ「コマ平定す」を意味する。巻第一―一歌は、雄略のダブルイメージである天武天皇の独立宣言歌であった。高句麗人である天武は、檜隈《ひのくま》つまり「日本のクマ（コマ）」と呼ばれていた。

『古事記』『日本書紀』などの古文献に表れる「八」または「夜」の字のつく神名や地名・人名・神宝名は、殆んど濊とかかわりがあるものと見做される。

『三国遺事』（一然著）・「古朝鮮」

天帝桓因の息子桓雄は、父帝の許しを受け、三千の配下を連れて太白山の神檀樹に降りてきた。桓雄が世を治めているとき、熊と虎が同じ洞窟に住んで毎日人間になりたいと祈っていた。桓雄は熊と虎に一握りの蓬《よもぎ》と二十個の大蒜《にんにく》を与え「これを食べて百日の間、太陽の光にあたらなければ人間になれるだろう」と言った。虎は辛抱できず逃げだし、熊は百日たって人間の女になった。熊女の子供がほしいという願いを桓雄は人間の男に変わって叶えてやった。生まれた子供は檀君となった。紀元前二三三三年、今の平壌を都にして国名を「朝鮮」とした。……

「八」「夜」の名のつく人名・神名

①八岐大蛇《やまたのをろち》（出雲簸川《ひのかは》にすんでいた「をろち」と言われた男）

②八島士奴美神《やしまじぬみ》（須佐之男命《すさのお》の子。母は櫛名田《くしなだ》比売《ひめ》）

③八野若日女命《やぬのわかひめ》（須佐之男命の女で出雲国神戸郡八野郷に坐し、大穴持命《おほなもち》が屋を造って通った神）

④稲田宮主簀狭之八箇耳《いなだのみやぬしすさのやつみみ》（八岐大蛇退治後、須賀に宮を作った須佐之男之命が、その宮の首として足名椎《あしなづち》に与えた名）

⑤八千矛神《やちほこ》（大国主命の別名の一つ）

⑥八嶋牟遅能神《やしまむぢの》（大国主神の妻鳥耳神《とりみみ》の親）

⑦八重事代主《やへことしろぬし》（大国主神の子。八尋熊鰐《やひろのわに》となり三嶋溝織姫《みぞくひ》のところに通い神武天皇妃の姫蹈鞴《たたら》五十鈴姫命を生んだ）

⑧八上比売《やかみひめ》（大国主神に嫁ぎ木俣神を生む）

⑨八坂刀売命《やさかとめ》（大国主神の子、建御名方神《たけみなかた》の妃。諏訪神社下社の祭神）

⑩八意思兼神《やごころおもひかね》（天の石屋戸から天照大御神を引き出す。天孫降臨の際には邇邇芸命《ににぎ》に随伴して、伊須受宮《いすず》を祀る）

⑪八束水臣津野命《やつかみづおみつぬ》（出雲風土記の国引きの神）

⑫登美夜毘売《とみやびめ》（登美の長髄彦《ながすねひこ》の妹。邇芸速日命《にぎはやひ》との間に宇摩志麻遅命《うましまじ》を生む）

⑬八咫烏《やたからす》（神武天皇一行を吉野まで案内する）

⑭八十梟師《やそたける》（土蜘蛛。東征した神武天皇らに斬られる）

⑮神八井耳命《かむやいみみ》（神武天皇の皇子。弟の神沼河耳《かむぬなかはみみ》命こと綏靖天皇に天下を譲る・実は多臣品治で持統天皇の兄）

⑯夜麻登登百百曽毘売《やまとととももそびめ》命（孝霊天皇皇女・最古の前方後円墳とされる箸墓の被葬者とされる）

⑰波邇夜須毘売《はにやすびめ》（河内青玉の女で、孝元天皇妃となり、建波邇夜須毘古《たけはにやすひこ》命を生んだ）

⑱八坂之入日子《やさかのいりひこ》命（崇神《すじん》天皇の子）

⑲八田《やた》姫（応神天皇の皇女《ひめみこ》。仁徳天皇妃）

⑳美夜受比売《みやずひめ》（尾張国造《くにのみやつこ》の祖）

日本史の謎「銅鐸・前方後円墳・割竹木棺」の実態

弥生時代、日本に銅鐸をもたらしたのは、濊人であった。銅鐸の別名サナギは「鉄出し」の意。銅鐸は鉄の増産を願って埋められた。青銅器は、鋭利で丈夫な鉄器にその地位を譲った。

古墳時代、割竹形木棺（刳抜き式の木棺）の葬制を持っていたのは濊人であった。これが分かれば韓半島南部、昌原で発掘された王または妃の棺が日本独特の割竹木棺であった謎も解決する。

巨大墳墓前方後円墳を造ったのも、濊人であった。日本独特とされる前方後円墳は、韓国南部栄山江流域に十三基、全州市内・ソウル漢江べりにもある。

前述したように、濊のトーテムは虎であった。虎のいない日本の三陸海岸に「虎舞」が残されているのは、日本海から超高速海流に乗り、津軽海峡を通って太平洋側に到達した濊人たちが残したからで、虎舞は濊の鉄作りを表現したものである。

古代史上の謎とされ、様々な研究がされながら決め手に欠ける「銅鐸」「割竹木棺」「前方後円墳」の追求は、濊を念頭に置いて進めなければならない。

イザナギ・イザナミ・蛭子《ひるこ》・昔脱解《ソクダルヘ》・天日槍《あめのひぼこ》・神功皇后つまり持統天皇・聖武天皇も濊だった。

天武は狛だが母は濊・皇后持統も濊だった。

「まほろば」の真実

「まほろば」は「素晴らしい場所」「住みやすい場所」という意味で使われている。「まほらば」「まほらま」「まほら」ともいう。

「物事が完全であること」などの意味がある「真秀《まほ》」に、場所を意味する接尾語「ら」がついて「まほら」となったものが転じて、「まほろば」や「まほらま」という言葉になったとされている。

「美しい日本の国土とそこに住む人々の心をたたえた古語」とされているが、今でも観光案内などに「まほろばの里」などと使われていることが多い。

「倭《やまと》は国のまほろば　たたなづく青垣　山隠《やまこも》れる　倭しうるはし」。「まほろば」といえばこの歌を思い浮かべる人が多いだろう。『古事記』景行天皇条では倭健命《やまとたけるのみこと》（『書紀』の表記「日本武尊」）の国偲《しの》びの歌、『日本書紀』では景行天皇が日向《ひゅうが》で詠んだ望郷歌（「日本書紀歌謡二二」）とされている。

『古事記』では「麻本呂婆」と表記「まほろば」とよまれ、『日本書紀』では「摩保邏摩」と表記「まほらま」とよまれている。

「麻本呂」「摩保邏」は「相対して見よ」のマッボラ（マジュボラと同語）。「遠く見つめ動静を探れ・見張りせよ」のマンボラでもある。マンボラにはマッボラの意も含まれる。

後についている「婆」は、命令形のバ（봐）で「見よ（見なさい）」の意のボラ（보라）と同じ。「摩」は、同じく命令形の語尾マ（마）で「してみよ」の意。

「まほろば」は「見つめて見よ」「見張りして見よ」。「まほらま」は「見つめ居《い》よ」「見張りして居よ」。

「まほろば」とは「見張れ」という意味なのである。「日本書紀歌謡二二」は「ヤマトは滅びるかも知れない。見張らなければならない。」と詠まれている。

大和盆地は鉄が豊富な所だった。この地方を廻る覇権争いがこの歌の背景にある。

第二章　日本語の語源が韓国語であることについて
先行研究・批判などを考察する
李《イ》寧《ヨン》熙《ヒ》の方法との比較

日本語朝鮮語説の先駆者
白鳥庫吉と金澤庄三郎

白鳥庫吉《しらとりくらきち》は、一八六五（元治二）年、現在の千葉県茂原《もばら》市に生まれる。東洋史学者。東京大学文科大学史学科を卒業。

その後、学習院教授、東京帝国大学文科大学史学科教授を歴任。更に東宮御学問御用掛として東宮時代の昭和天皇の教育にも携わる。

日本や朝鮮に始まり、アジア全土の歴史・民俗・神話・伝説・言語・宗教・考古学など広範な分野の研究を行う。一九一〇年に『倭女王卑弥呼考』を著し、「邪馬台国北九州説」を主張した。

金澤庄三郎《かなざわしょうざぶろう》は、一八七二（明治五）年、大阪に生まれる。言語学者・国語学者。東京帝国大学卒。アジアの各言語の比較研究を行なった。北海道・大韓帝国・琉球・シベリア・満州などでフィールドワークを行い、日本語のルーツは朝鮮語にあるとの確信を得た。

その考えを基に、『日韓両国語同系論』（一九一〇年）や『日鮮同祖論』（一九二五年）を著した。また金澤氏が監修した三省堂の『辭林』（一九〇七年）は、新しい工夫を盛り込んだ実用国語辞典として評価を得、一九一一年（明治四十四）の大改訂を経て、一九二五年（大正十四）広辞林に引き継がれ、広く国民に使用された。

▼「日本の古語と朝鮮語との比較」（白鳥庫吉）

一八九八（明治三十一）年二～十一月、『國學院雑誌』第四巻第四－一二号に、上記の表題の白鳥氏の論文が載せられている。論文の冒頭には、次のように記されている。

国家は草木の如く居ながらにして發達するものにあらず。苟も一国の體裁を具へて、口碑歴史を有する時代に至るまでには、必ず他国或は他種族との間に、多少の衝突交通ありて、混合融化の行はれざることあるべからず。されば一国の成立を研究せんと欲せば、単に其国の事柄のみを以て足れりとすべからず、進んで其隣国或は隣種族の成立をも研究すること肝要なり。朝鮮は我が隣国にして、而も我とは古より最も親密なる関係を有せる国なり。然るに我国人にして、彼国の歴史言語等につきて精細なる研究を遂げたるもの甚だ尠きは遺憾ならずや。朝鮮は亜細亜東方の小半島なり、版圖の點より云へば、固より人の注意を惹くべきものにあらず。其歴史上の事蹟に於ても、敢て世人の耳目を震動したる豪傑の輩出したるにあらず。従来本邦人が支那の文物を學ぶものの多きに引換へて、朝鮮の事柄を等閑に付したる傾ありしは、決して其理りなきにあらず。然れども亜細亜大陸の変動は、常に此半島を通じて我国に波及し、我国の事業もまた此半島によりて、直接に間接に大陸の発達に影響せられき。東洋の絶島たる我日本国をして、世界大勢の範囲内に紹介したるものは、実に此の朝鮮半島なり。今日我国と朝鮮との間に密接なる関係あることは、誰も善く知る所なり。而れども今日より尚関係の深かりきと思はるるは日本の上代なり。

これに続いて白鳥氏は、日本語約二百語についてその語源を詳細に解説し、末尾に日本語とそれに対応する韓国語を一覧にして示している。一部は李寧熙女史の説から見て誤りであるが、概ね正しいと思われるので、そのうちの十語だけ参考までに記しておく。

国語	韓語	国語	韓語
ipa 岩	paui	numa 沼	neup
kama 釜	kama	shimu 浸	seumeui
kasa 笠	kat	toma 苫	tteum
kuma 熊	kom	tomo 友	tongmo
nabe 鍋	nampi	uri 瓜	oi

▼「日韓両国語同系論」（金澤庄三郎）

一九一〇年に発表された金澤氏の論文。序説の初めには、次のように書かれている。

韓國の言語は、我大日本帝國の言語と同一系統に屬せるものにして、我國語の一分派たるに過ぎざること、恰も琉球方言の我國語におけると同様の關係にあるものとす。類例を他に求めば、等しくチュートン語族に屬せる獨逸語と和蘭語、ローマン語族中の佛蘭西語と西班牙語との如き、兩々語脈を同じうせるものと相似たり。日韓兩國語の關係を論ずる者、古今東西決して乏しからず、肯て余において新意を發するにあらずして、苟も、皇國の古典に眼を曝したるもの丶、必ず想到すべき所なりとす。
素盞嗚尊の新羅國曾尸茂梨に降臨せられたる、延喜式神名帳及び風土記等に、韓國の神社名の散見せる、新撰姓氏錄右京皇別に新良貴の姓の見ゆる等、皆上古に於ける彼我關係の深かりしことを證せざるはなく、文学博士星野恒先生は此等の點より立證して、上世日韓の一域にて、嘗て皇祖の之を統治したまひたることを斷言せられたり。而已ならず、之を彼國の史籍に徴するも、新羅王脱解尼師今は我國より到れるが如く、其即位（西暦五七）に當って、我國人瓠公を大輔として政を執らしめたり、我國においても、天日槍以下、上代、韓人の歸化せる者多かりしを見るも、兩國の關係略丶推知せらるべきなり。

金澤氏はこれに続いて、約百二十語について日韓両国語を一覧にして比較している。白鳥氏と重複するものもあり、それを除いた中から十語をあげておく。

国語	韓語	国語	韓語
asa 麻	sam 麻	ki 城	ki 城
ba 場	pa 處	kohori 郡	koeur 郡
hiru 莧	ir-eum 莧	soko 底	sok 内
hoka 外	pak 外	taku 楮	tak 楮
kara-musi 苧	mosi 苧	tods-u 閉	tat 閉

▼「日鮮同祖論」（金澤庄三郎）

フリー百科事典『ウィキペディア』には、次のように書かれている。

日鮮同祖論《にっせんどうそろん》とは、日朝両民族はその祖先を同じくし、兄弟あるいは本家と分家に擬せられる間柄であり、本来一体となるべきであるという主張。日本の朝鮮侵略、朝鮮支配が歴史的に合法なものであると説明するために喧伝《けんでん》された。

言語学においても、日本語と朝鮮語の同一性から日鮮同祖論を説くものが出るようになり日本の朝鮮統治に利用された。例えば金沢庄三郎は『日韓両国語同系論』において「韓国の言語は、わが大日本帝国の言語と同一系統に属せるものにして、わが国語の一分派に過ぎざること、恰も琉球方言のわが国語におけると同様の関係にある」と述べた。金沢が後年に著した『日鮮同祖論』のタイトルが日鮮同祖論の語源になっている。

なお、日本語と朝鮮語の起源についてさまざまな学説があるが、アルタイ諸語に日本語と朝鮮語はともに含まれるとの説は、ロイ・アンドリュー・ミラー（一九二四〜二〇一四・アメリカ合衆国の言語学者。日本語およびチベット・ビルマ語族を研究した。とくに日本語とアルタイ語族の親縁関係の研究で知られる）、ジョーゼフ・グリーバーグ（一九一五〜二〇〇一・アメリカ合衆国の言語学者。分類と類型論とで有名）などがあるものの、現在において起源系統は別系統とされている。〈（　）内は補った〉

1：日鮮同祖論は、朝鮮語に精通した言語学者である金澤氏が、文法・単語などで日本語と朝鮮語とが多くの共通点を持ち、両国語が同系であるとの確信の基に展開したものである。

すなわち、両国語が同系であり、歴史的にも日韓が古代から濃密な関係にあるとすれば、両民族は祖先を同じくしているとするのは、至極当然な結論を述べたものである。

2：同祖論に反対する論者は、この理論が日本の朝鮮侵略に利用された間違った考え、危険な思想のように見做している。

しかし金澤氏は学者であって、政治家ではない。朝鮮侵略という大きな誤りを犯したのは、彼の説を侵略の口実にした日本の軍部であり、時の為政者である。問題の本質は、上下関係は別にして、日本と朝鮮とが祖先を同じくするのかどうかである。

3：日本の戦後の言語学界は、敗戦の責任の一端が日鮮同祖論にあるかのように受けとめたのか、多くの学者は日本語と韓国語との深い関係について研究せず、比較言語学だけに傾いている。

4：欧米の言語学者は、日本語と朝鮮語はアルタイ諸語に含まれるとする。ロイ・アンドリュー・ミラーの著『日本語―歴史と構造』（三省堂・一九九二年十一月初版発行）は、多くの事例をあげて両国語がアルタイ諸語であることを強調し、両国語同士の近親性について触れている。

しかし、こうした学説に反対している人たち、学説を無視している人たちがいる。それは私の知る限り、韓国語を深く知ろうとしない日本の言語学者たちである。

村山七郎と混合言語起源説

村山七郎《むらやましちろう》氏は一九〇八年、茨城県生まれ。順天堂大学教授、ルール大学（旧西ドイツ）客員教授、九州大学教授を経て京都産業大学教授。日本語の起源が、アルタイ諸語とオーストロネシア諸語の混合言語に起源するという説を展開した。

村山氏は、一九六〇年代前半までは日本語の系統を、十九世紀以来の通説に従いアルタイ起源とみなしていた。しかし、六〇年代後半以降、日本語とオーストロネシア諸語との関係を論じたロシアの言語学者、E・ポリワーノフ（一八九一〜一九三八）などの影響を受け、オーストロネシア諸語の研究をすすめた。

そして、古代日本語における、基礎語彙を含む相当量の語彙（約二百四十語）がオーストロネシア起源であるとし、一九七六年、日本語は「アルタイ・ツングース系言語を骨子とした南島（オーストロネシア）語である」と主張した。

しかし、言語学の観点から見て最大の問題は、そもそも混合言語なるものが存在するのかである。

▼オーストロネシア語族

オーストロネシア語族とは、マダガスカルからインドネシア・フィイリピン・台湾・メラネシア・ミクロネシア・ポリネシアに及ぶ地域に分布する諸語の総称。南島語族とも呼ばれ、その数およそ七百語にも及ぶ。例えばメラネシアはパプアニューギニアの東にあり、ポリネシアはハワイ諸島の南に散在する島々である。

村山氏は、これらの国々の言葉が、現在の日本語に混ざっているというのである。

しかし日本は島国だから、その言葉を話す人は舟でやってくる。遥か遠くの南方の島々から、人々は日本に舟で渡ってきたのであろうか。

『日本語の起源と語源』に載る南洋語

村山氏の著『日本語の起源と語源』には、日本語における南洋語要素として、例えば次のようなものがあげられている。

「木」は、(kahuy→koi→kii) 台湾アタヤル語汶水方言の女性使用語 kahuy、フィリピンのタガログ語 kahoy。

「葉」は、ジャワ papah「ヤシ・バナナの木の葉柄」、タガログ語 palapa「ヤシ・バナナの木の葉」。

「実《み》」は、(bui→mii) 南洋語祖形 buah「果実」、台湾アタヤル語 buai。

「魚」は、(iwo→uwo) 南洋語祖形 ivak「魚」、ジャワ iwa「魚」。

「羽《はね》」は、(pani→pane) ブヌン語 pane「翼・羽」、ヤミ語 panid「翼・羽」、原始オセアニア語 pani「翼」。

「目《ま》」は、南洋語祖形mata「目」の省略形。

「歯」は、(baang→paa) 波照間方言 pang「歯」。

以上であるが、これは日本語に少し音の似た南方語をかき集めてきただけのものではないか。

これでは、日本語はアルタイ語と南方語の混ざったものという村山氏の説は、到底成り立つとは思えない。

また、村山氏の『日本語の比較研究』(三一書房)には、植物名「藤《ふじ》」の語源説がある。村山氏はそこで「〈ふぢ〉の祖形 PUNTI は、音義両面でフィリピン・ルソン島のパガシナン語の PUNTI「バナナ」と一致する。〈藤〉の果実の外形がバナナに似ているところから、バナナを表す言葉が〈藤の実〉の意に用いられ、次いで、〈藤の木〉を表すにいたったのではなかろうか」と述べている。

どうして、日本から遠く離れたフィリピン・ルソン島の名も知らない一語族のバナナを意味する言葉が、それも一つだけ、日本に渡って、日本語の「藤」になるのであろうか。これは、もはや学問ではない。

橋本信吉と上代特殊仮名遣

橋本信吉氏は、言語学者・国語学者。日本語における音韻の歴史的研究が有名で、上代特殊仮名遣を体系づけたことで知られる。

一八八二年、福井県敦賀市で生まれる。一九〇六年に東京帝国大学文科大学言語学科を卒業（銀時計受領）。東京帝国大学文科大学国語学教室助手を経て、一九二七年、同大学国語国文学第一講座助教授に就任。一九二八年には教授に昇任した。一九四五年、国語学会（現、日本語学会）会長。

橋本氏が体系づけた上代特殊仮名遣とは、上代日本語における『古事記』『日本書紀』『万葉集』など、上代（奈良時代頃）の万葉仮名文献に用いられた、古典期以降には存在しない仮名の使いわけのことである。

ひらがな・カタカナ成立以前の日本語において、a・i・u・e・o の五音ではなく、古い時代にはより多くの母音の別があったとする説で、本居宣長《もとおりのりなが》とその弟子の石塚龍麿《いしづかたつまろ》が研究し、橋本氏が完成したのであるが、橋本氏はイ段でキ・ヒ・ミ、エ段でエ・ケ・ヘ・メ、オ段でコ・ソ・ト・ノ・モ・ヨ・ロの十四字（濁音がある場合はその濁音も）について、奈良時代以前には単語によって二種類に書き分けられ、両者は厳格に区別されていた、とした。そして二種ある一方を甲類、他の一方を乙類とした。

橋本氏著の『古代国語の音韻に就いて』（岩波文庫）の中の、「こ」に用いる漢字「許」と「古」に関して述べている箇所には、次のように書かれている。

……ところが龍麿が調べてみると「許」と「古」は『古事記』においては立派に区別せられ

ていて、単に「彦《ヒコ》」なら「彦《ヒコ》」という語においてそのコにいつも「古」を用いて「許」を用いないというだけではなくして、我々がコと読んでいる一切の語の中において、或る語には「許」を書いて「古」を書かない。或る語には「古」を書いて「許」を書かない。例えば「子《コ》」「彦《ヒコ》」のコは「古」を書いて「許」を書かない。「心《ココロ》」のコは「許」を書いて「古」は書かないというように、あらゆる「こ」を含んでいる語が「許」を書くか「古」を書くかの二つに分かれている。また「こ」にあたる万葉仮名の方も多くの仮名があるが、それが二つにわかれて、

古—故、固、枯、孤、庫

などは「古」と同じように用いられ、

許—己、去、巨、拠、居

などは「許」と同じように用いられ、しかも、「古」の類と「許」の類とは決して同じに用いることなく、この二つの類の間には、はっきりした区別があるということがわかったのであります。……

橋本氏の記述は更に続くが、ここまで読んできて、韓国語を少しでも学んだ者には、「コ」についての「古」と「許」が区別される理由がいとも簡単に分かるのである。すなわち、両者はその「韓国音」が違うのである。甲類と名づけられた「古」は、ゴ(go)、辞書によってはコ(ko)で、乙類の「許」は、ホヲ(heo)、「去」などはゴヲ(geo)で、母音が異なる。

漢字の韓国音は、原則一語一音で古代から変わっていないといわれている。母音のoはア行オ段であるが、ヲ(어)は日本語にない音で、「母」を意味するヲモニ(어머니)のヲモがそれである。オとヲの区別は現代の日本人には出来ないが、韓国人は子供でも話し分け、聞き分けられる。

こ

甲類　ゴ（go）古・故・固・枯・孤・庫

乙類　ホヲ（hoe）許　ゴヲ（geo）去・巨・拠・居　ギ（gi）己

それでは次の、イ段・エ段・オ段から各一語ずつ選んで、甲類・乙類の音の違いを見てみよう。

ひ（イ段）

甲類　ビ（bi）比・毘・卑・譬・臂　ビン（bin）賓・嬪　ピ（pi）避　ピル（pil）必

乙類　ビ（bi）非・斐・悲・肥・飛・秘　ピ（pi）彼・被

甲類は、ビ・ビン・ピ・ピルであるが、乙類は、ビとピである。

え（エ段）

ア行　エ（yae）愛・哀・埃　イ（eui）衣・依

ヤ行　ヨン（yeon）延・縁　ヱェ（ye）曳・睿・叡・裔　ヨ（yo）遥・要

ア行は、エ・イであるが、ヤ行は、ヨン・ヱェ・ヨである。

と（オ段）

甲類　ド（do）刀・度・渡・徒・塗・都・図・屠　ト（to）土　トゥ（tu）妬

乙類　ドゥン（deung）等・登・鄧・騰　デ（dae）臺　テ（tae）苔　ジ（ji）止　ジン（jing）澄

甲類は、ドが圧倒的に多く、ト・トゥもある。乙類は、ドゥンを主にしてデ・テ・ジ・ジンで、音が異なる。

上代特殊仮名遣は、東京大学言語学科の銀時計を貰った学者が、四十数年をかけて完成したものだが、橋本氏が少しでも隣国の言葉を勉強しておれば、日本の国語学はもっと進歩していたであろう。

小倉進平と郷歌（ヒャンガ）

小倉進平《おぐらしんぺい》氏は、一八八二年、宮城県仙台市に生まれた。言語学者。特に朝鮮語研究においてその後の研究の礎を築いた。一九〇三年東京帝国大学に入学し言語学を専攻、卒業論文は「平安朝の音韻」。その後上田萬年の下で国語学研究室助手。一九一一年朝鮮総督府勤務。一九二六年京城帝国大学教授。一九三三〜一九四三年東京帝国大学言語学科主任教授。

一九二九年、「郷歌及び吏読の研究」を発表する。小倉氏の研究分野は古代語・文法史・方言など多岐にわたり、特に郷歌の全面解読により、新羅歌謡の全容を明らかにした功績は大きい。

▼郷歌とは

郷歌《ヒャンガ》は、新羅時代からの韓国語の歌謡。現存するものは、『三国遺事』（一二八一年）に収められた新羅時代の郷歌十四首、『均如伝《キュンヨジョン》』（高麗の僧、均如大師《キュンヨデサ》の伝記・一〇七五年）に収められた高麗時代の郷歌十一首（『普賢十願歌』）である。

▼郷札とは

郷札《ヒャンチャル》は吏読《イドゥ》の一種で、漢字による韓国語表記法の一つ。主に新羅時代の歌謡である郷歌の表記に用いられた。

すなわち、漢字の音と訓を利用して古代朝鮮語を表記する方式で、『万葉集』に見られるような、訓読みの漢字と万葉仮名を併用する方式と同様のものである。

実は「万葉仮名」こそ、この郷札から生まれたものである。すなわち、郷札を駆使した渡来人が日本の地で「万葉仮名」を考案し、その一世・二世たちが『万葉集』を詠んだのである。

▼郷歌を最初に研究したのは日本人であった

郷歌は韓国の古代歌謡である。しかし、それを初めて研究したのは韓国の研究者ではなく、なんと、日本人の小倉進平博士であった。小倉進平著『郷歌及び吏読の研究』（一九二四年）は郷歌二十五首の本文を確定し、解読を行ったものである。小倉氏の研究は、その後、梁柱東《ヤンジュドン》・金完鎮《キムワンジン》など数多くの韓国人学者に引き継がれた。

小倉氏の著作は『小倉進平博士著作集』（全四巻・京都大学国文学会）に収められている。『郷歌及び吏読の研究』京城帝国大学〈京城帝国大学法文学部紀要第一〉、一九三一年（原著一九二四年）は、国立国会図書館デジタルコレクションでインターネット閲覧可能である。

『朝鮮語方言の研究（上・下）』（岩波書店）には、植物名である「あずき（小豆）」「なずな（薺）」など、私たちが納得出来る語源の解説がなされている。

新羅郷歌「処容歌」

処容歌《チョヨンガ》は、新羅郷歌の中でも、たいへんトボケの効いた味わいのあるコキュ（妻を寝取られた男）の歌として知られる。以下に若干の解説をほどこし、紹介しておこう。

処容は東海に棲む竜の子で、人間になり、第四十九代憲康大王に仕えた。大王は処容に絶世の美女を娶らせた。

処容の妻はあまりにも美しかったので、疫神《えきじん》が彼女に心を寄せる。ある夜、疫神は人間に変身して処容の家を訪れ、ひそかに処容の妻と寝た。処容が家に帰ってみると二人が寝ていた。処容は歌を歌い、舞を舞いながらその場を出た。

東京の明るい月に
夜通し遊び廻り
帰る寝床に
脚が四つあった

二つは己のものだったが
二つはだれのもの？
とられてしまったのを
どのようにしてもどそうか

すると、疫神がもとの姿になって処容の前に跪《ひざまず》いて、「私は公の妻を恋慕して、今晩ついに犯してしまった。しかし公は怒りもしない。ほとほと感服し尊敬しました。これからは公の顔を画いた絵を見ただけでもその門には入りません。誓います。」といった。

以来人々は、門の前に処容の顔の絵をはりつけて邪鬼をはらい、吉事を迎えようとした。

郷歌の伝統は、高麗初期で絶えてしまったため、解読結果は研究者ごとに異なっている。

「処容歌」（『三国遺事』巻二）は、その末尾二句を除く六句とほぼ同内容の歌が、十五世紀末に編纂された『楽学軌範』にハングルで記されているため、ある程度確実に読むことができるとされている。

李寧熙女史は『まなほ』第三〇号（二〇〇四年皐月）で新羅郷歌「老人献花歌」を解読している。『万葉集』の歌と同様、二重歌で、裏詠みはセクシャルな内容であった。

韓国語に堪能な四人の女性、藤村由加

藤村《ふじむら》由加《ゆか》は、四人の女性執筆者集団のペンネーム。佐藤まなつ・北村まりえ・榊原由布・高野加津子の四人の名前から一文字ずつ取っている。

ヒッポファミリークラブで朝鮮語を学び、一九八九年新潮社より『人麻呂の暗号』、一九九〇年『額田王の暗号』と続けて刊行し、『万葉集』は朝鮮語で読み解けると主張した。当時は、二十代の女性による大発見と賞賛する声が多かったが、中西進・西端幸雄（『古代朝鮮語で日本の古典は読めるか』）・安本美典（『朝鮮語で「万葉集」は解読できない』）らの厳しい批判を受けた。

その後、『枕詞千年の謎』（一九九二年）、『記紀万葉の謎　ことばのタイムトンネル』（一九九五年）、『古事記の暗号　神話が語る科学の夜明け』（一九九七年）を出したが、次第に賛同する人が少なくなっていった。

韓国語が堪能なグループなので、李寧熙女史も私たちも期待したが、それ以上前へ進めなかった。古代韓国語を知らず、歌を詠む時に用いる吏読《イドゥ》を知らず、ただ韓国語が分かるというだけでは、『万葉集』のような大きくて複雑な問題に立ち向かうことはできないのである。

朴炳植と慶尚道語説

朴炳植《パクビョンシク》氏は韓国の言語研究家。一九三〇年、現在の北朝鮮の咸鏡道錦城に生まれる。高麗大学校経営大学院修了。建設会社を興したのち、一九七九年ころニューヨークに渡り、古代言語研究を行った。

「日本語のルーツは韓国慶尚道の言葉だ」として一九八六年の『日本語の悲劇』(情報センター出版局)をはじめ、『ヤマト言葉の起源と古代朝鮮語』(成甲書房)、『日本語の成立証明』(情報センター出版局)など二十冊を超える著書を出版した。

朴氏は、日朝両語の「音韻変化の法則」を創始し『万葉集』を解明したと称している。しかし、朴氏の音韻変化の法則は欠点が多い。しかも「音韻変化の法則」であって、語彙対応の法則ではないと主張している。

たとえば頭の語源はダガリ(デガリの古形)で「タ=高い・カ=所・リ=物」が原意。日本語の「あたま」は「アタ=最も高いもの・マ=尊いもの」の意とする。

李寧熙女史によれば、日本語「あたま」の語源は百済系の「端」「最高のもの」を意味するアに「丸い物」を示すタム(語末音が伸びてタマとなった)がついたもの、つまり「端にある丸いもの」あるいは「端にある最高のもの」が頭だという。(身体語の項七十三ページ)

日本語「足」の語源も、百済系の「端」を意味するア(原型はアッ)。語末音が消滅したものが「あ」(変転の法則その一―①)、もう一つの音に伸びたものが「あし」(「変転の法則」その一―②)である(身体語の項七十三ページ)。

このように「あ」が「端」であることが分かれば「頭」と「足」の語源が解明できるのである。

日本語になった韓国語は慶尚道の言葉だけでは

なく、高句麗・百済の言葉も多数ある。

また、『万葉集』はその一部が「韓国語」で詠まれているのではない。全て漢字で書かれた原文と向かい合う必要がある。この漢字のかたまりは日本式吏読、つまり万葉仮名で書かれている。

朴氏は『万葉集』が、吏読で書かれていると主張はするが、その「新釈」なるものは、平安時代に読み下された従来訓とほとんど変わらず、とうてい解明したなどといえるものではない。

「枕詞は次の句を導くために用いられるもので、その使われ方には一定の約束事があり、それでなければ枕詞といわれないのが常識である」として、「アシヒキノ」を「姫枕」と解読した李寧熙女史を批判している。「枕詞は意味が無いのではなく、歌辞であり、主題である」と主張する李寧熙女史との差は大きい。

『万葉集』を古代韓国語で訓《よ》み直す目的は、古代史の真相究明である。

新解読と『古事記』『日本書紀』『続日本紀』など日本の古文献や『三国遺事』『三国史記』といった韓国の史書を比較検討することで、日韓の古代史真相究明が可能なのである。朴氏は巻第一―一雄略天皇の歌は「即位宣言」などではなく、あくまで「妻問い」の歌であるとして李寧熙女史を批判しているが、朴氏の「新釈」したという万葉歌を見ても、得られるものは何もない。

朴氏は、数詞の語源も慶尚道の言葉としているが、その「解読」には首をかしげざるを得ない。

「ひふみよ……」の「ひふみ」が倭の女王卑弥呼《ひみこ》と一字しか違わないとし、「一から十」までを「ヒフミよ、このお馬鹿さんよ、それを、私に、くれよ」と解釈している。

「み・なな・とお」の三数詞が高句麗で使われていた同時期に、現在韓国で使われている数詞の「ハナ・ドゥル・セッ……」も使われていたことが判明していることから、「ひふみ」は公式に使われた数詞ではなかったのではないかという推理を展開しているが、「根拠はない。ただそんな気がする」「ひとつ・ふたつの『つ』を『呉れよ』の意の慶尚道方言チュとよんだのは単に音が似ていたから」という無責任なものだ。

「一、二、三から十・百・千・萬」まで整然と解明された李寧熙女史による数詞の語源解読（一〇四ページから）と比較してみていただきたい。

『もう一つの万葉集』『枕詞の秘密』を出版した李寧熙女史の万葉歌解読に「きままなセックス解釈で解明できるほど簡単なものではないと、ここで強くいっておきたい」と批判しているが、根拠もなく推論を披瀝する姿勢に呆れる。

『万葉集』の歌は単なる「歌」でなく、政治的なメッセージであり、檄《げき》であり、暗号でもあった。表向き自然や恋心を歌い、その影にセクシャルな裏詠みが隠された「二重詠み」、さらにその下に真の意図が隠された「三重詠み」も少なくない。

朴氏の語源説は、一、吏読に対する理解不足　二、古代日本語及び日本史の知識の浅さ　三、高句麗語・百済語に対する知識不足、などから、ごく一部に正しいと思われるものもあるが、全体として、日本語の語源を正しく解いたとは到底いえず、私たちの納得できるものではなかった。

二〇〇一年には、大作『ヤマト言葉語源辞典』を出版したが、二〇〇九年十二月、アメリカにて逝去、享年七十九歳であった。

安本美典と計量言語学

安本《やすもと》美典《びてん》氏は心理学者・日本史研究家（古代史）。一九三四年満州国奉天省鞍山市に生まれ、一九四六年に帰国し岡山県高梁市で育つ。京都大学文学部（心理学）卒、京都大学大学院文学研究科（心理学）終了。旧労働省を退官後、日本リサーチセンターに入社。産業能率短期大学助教授を経て産能大学教授（二〇〇四年三月退職）。

「朝鮮語で万葉集は解読できない」とする安本氏は、「日本語は朝鮮語から」というのは「思い込み」で科学的研究態度ではないとし、統計的手法を用いて両者の関係を分析した。

安本氏は、日本語の語源を調べる資料として、韓国語とアイヌ語などの基礎語彙《ごい》二百単語を選び出し、日本語単語と韓国語単語の対応関係を「計量言語学」の方法を用いて分析した。そこで得られた数値から、「日本語と韓国語」との関係は「日本語とアイヌ語」「日本語と台湾のアタヤル語」との関係よりも低く、従って、韓国語は日本語の祖語たり得ないとしている。日本語と韓国語が同一言語から分かれたのは八千年以上前で、縄文時代前期～中期のことだとするのである。

しかし、ここで問題にしなければならないのは、安本氏が作成した「基礎語彙二百」の中身である。朴炳植《パクピョンシク》氏（韓国の言語研究家）によれば、安本氏の挙げた二百語のうち、間違った意味に使われたり、あるいは正しく対応されていないものは、半数近くにのぼる。例えばオンナ（女）に対応する韓国語をヨジャとしている、しかしヨジャは、「女子」という漢語の韓国音であり、純粋の韓国語ではない。韓国語のオンナの古語はヲミナで、これは日本語のオンナの古語ヲミナとぴったり一致する。ヲミナと三音節とも日韓で一致するオンナの古語を知らず、オンナとヨジャを対比するようでは、たとえ計量言語学が正しい手法であったとしても、正しい結論など得られる訳がない。

『日本語の誕生』（安本美典・本多正久、大修館書店）には、日本語はアイヌ語幌別方言・中期朝鮮語・中国語北京方言・インドネシア語・沖縄首里方言・台湾原住民の言語などが、第一・第二・第三と層をなし、混じり合って形成されたとある。

しかし言語には、普遍的な性質があるから、次のように言えるのではないか。

言葉は、それだけが単独で空を飛んで来たわけではない。そのような言葉を話す人が、船に乗って日本列島にやって来たのである。中国・インドネシア・台湾などから、小船で多くの人が日本列島に渡って来たとは考えられない。

一国の国語となる言葉は、その言葉を話す人が人口の圧倒的多数を占めるか、または「言葉は支配する人によって支配される」と言われるように、征服者が自分の使う言葉を使うよう国民に強制するかである。メキシコがスペイン語、ブラジルがポルトガル語を国語としているのは後者の例である。

言葉は共存しにくい。縄文時代に使われていた言葉は、弥生時代に入って、朝鮮半島からの多数の渡来人によって駆逐され、わずかに地名・山名・河川名などにその痕跡をとどめているに過ぎない。

「言葉は文明の器である」（ドイツの哲学者ハイデッガー）。文明・文化は言葉という器に盛られて伝わる。しかも文化は高い方から低い方に伝わる。弥生時代から古墳時代にかけて、朝鮮半島から渡来人が高い文化と言葉を持って大量に日本列島に渡って来たのである。日本語のルーツが韓国語である所以である。

安本氏は、言語学者と称しているが、隣国の言葉である韓国語を知らない。

古代韓国語の吏読《イドゥ》表記が日本の万葉仮名に繋が

っている事実について無知である。

紀元前の三百年間、紀元後の七百年間の合計千年間（弥生時代から古墳時代にかけての千年間）、韓半島から日本列島に約百万人（一年で千人）の渡来があったとする文化人類学者、埴原和郎《はにわらかずろう》氏の有力な説を無視している。

約二万年前、日本列島は韓半島と繋がっていた。縄文海進により半島から離された後も、環日本海の文化圏を形成し、人々は交流を続けていた。土器その他遺物が語るこのような歴史的事実についても、安本氏は知っているとは思えない。

『日本書紀』など史書には、日本は韓国と濃厚な関係があったことが記されているが、それをも無視している。日本語と韓国語は、ウラル・アルタイ語族に属し語順が同じという、言語の近親性を示す重要な事実にも特段の注意を払っていない。

四〜七世紀、多くの百済人が日本列島に渡り、古代国家を形成し、百済語をもたらした。高句麗の影響も見逃せない。現代の標準的な韓国語は、六六八年新羅が三国を統一したので、新羅語がベースになっている。また日本語も、現代語は東京方言を元に創り出されたというべきものである。この事実を無視して、現代の両国語を機械的に比較するのは学問的ではない。しかし安本氏は、その事実に気付いていないように見受けられる。

大野晋とタミル語説

大野晋《おおのすすむ》氏は、一九一九年、東京市深川区（現、東京都江東区）に生まれた。国語学者。古代日本語の音韻・表記・語彙・文法・日本語の起源などに幅広い研究成果を残した。

特に『岩波古語辞典』の編纂や、日本語の起源を古代タミル語であるとした学説で知られる。

一九四三年、東京帝国大学文学部国文学科卒。橋本進吉に師事する。一九五二年、学習院大学文学部助教授に就任し、一九六〇年に教授へ昇進した。一九九〇年、学習院大学定年退職、同大学名誉教授。

大野氏は、インド南方やスリランカで用いられているタミル語と日本語との基礎語彙を比較し、日本語が語彙・文法などの点でタミル語と共通点を持つとの説を唱えたが、批判が多く、後に系統論を放棄し、日本語はクレオールタミル語であるとする説を唱えた。

▼クレオールタミル語とは

クレオール語とは、旧植民地で、植民者の言語が先住民の言語と混ざって独自の言語となり、その土地の母語となったものをいう。従ってクレオールタミル語は、タミル人が日本に渡り、日本の先住民の言語と混ざって独自の言語、すなわち日本語になったものということになる。

▼タミル語説の根拠

大野氏が、日本語がタミル語からだとする根拠は次の通り。

弥生時代に南インドの人が渡って来て、日本にその文化をもたらした。

考古学の点では、吉野ケ里遺跡から二千体もの甕棺が出てきたが、南インドでも大人用の甕棺が何百とまとまって出ている。

日本とタミルの正月の行事も、元旦前日のトンド焼き、小豆粥に砂糖をかけて食べる(タミルではお粥と砂糖キビとを一緒に食べる)、若水を汲むなど類似が多い。

南インドの文化と一緒に来た言葉が日本語の中に入り込み、その文法組織まで巻き込んだ。日本語は、タミル語と文法がよく似ている(語順・助詞)。

日本語と対応するタミル語は、農耕に関連する言葉をはじめ、数多い。

和歌の五・七・五・七・七の原形は、インド南端のタミル州とその東隣のスリランカの一部で使われているタミル語の古代歌「サンガム」の一詩形と一致する。

つまり大野氏のクレオールタミル語説は、従来唱えていた朝鮮半島経由説、系統論をなげうち、日本語は、遥か離れたインドの南端部のタミル語を話す人が日本に渡って来て、日本の先住民と混ざって作られた言語だとするものである。

しかし、遣隋使・遣唐使の時代でも、大型船で日本列島から中国に行くのが命がけだったのに、弥生時代にインド半島南端部から日本列島に人が往復することが出来たのであろうか。また、列島にタミル人が来たという遺跡・遺物などの物的証拠は一つも見出せない。

▼大野氏のかんちがい

一九八九年十一月十九日、『週刊朝日』主催で『万葉集』は朝鮮語でよめるか」のテーマで座談会が開催され、その記事が『週刊朝日』の一九九〇年二月九日号から三回に分けて掲載された。

出席者は李寧煕女史のほか、国語学の大野晋・万葉学の中西進・朝鮮語学の菅野裕臣の各氏であった（司会は李御寧氏）。

この座談会は、延々七時間に及ぶ熱談であったが、テーマが余りにも大きく、かつ『万葉集』に対する認識の違いから、話はなかなかかみ合わなかった。大野氏は、「万葉学」について長ったらしい説明をしている。しかしこの座談会で李寧熙側のスタッフが気付いたことは、大野氏が、平安以降の「万葉集の訓《よ》み下《くだ》し」を『万葉集』そのものと「かんちがい」していることであった。

『万葉集』は万葉仮名で書かれている。つまり漢字の列である。それを平安以降に訓み下したのは『万葉集』の訳文にすぎない。

私たち読者のレベルでは、「訓み下し」を『万葉集』と思い込んでいてもよいが、いやしくも学者が『万葉集』を論じるとき、この「かんちがい」は許されない。

「訓み下し」は、平安人、あるいはそれ以降の万葉学者が、『万葉集』を日本語と信じて「勝手よみ」をしただけのものであって、学問的対象としての『万葉集』としてはほんの参考程度のものに過ぎない。

李寧熙女史は『万葉集』、つまり原文・万葉仮名そのものと取り組んでいるのである。

▼安田徳太郎とレプチャ語説

一九五五年、『人間の歴史』（全六巻）の著者であり、フロイトの先駆的な紹介者として知られる安田徳太郎医博が、光文社から『万葉集の謎』を著わした。

安田氏はその中で、「万葉時代の日本語が、今なお、ヒマラヤの谷底にすむレプチャ人によって語られている」。また、「『万葉集』の歌のほとんどが、レプチャ語で解読できる」と述べている。

これは、実際には稚拙な語呂合わせに過ぎなかったが、当時、学習院大学の助教授をしていた大野氏は、「インドの奥地？　タワケたことを」と嘲笑っていた。しかしその彼が、インド半島の南端説になっていくのだ。

今から約六十年前の一九五七年九月、大野氏は『日本語の起源』(岩波新書)を著わした。そこにはアイヌ語から始まり、チベット語に触れ、南方語に言及し、最後の章「古代日本語とアルタイ語・朝鮮語」では、日本語はアルタイ語系に属するとして、同じアルタイ語系の朝鮮語との濃密な関係を論じていた。

しかし、それから三十七年経った一九九四年発行の『日本語の起源—新版』(岩波新書)では、日本語のルーツを従来のアルタイ語(朝鮮半島→日本列島)からタミル語(インド半島→日本列島)に変更した。

この説は、多くの言語学者から批判されたので、クレオールタミル語なるものを作り出して自説を補強した。

しかし、いずれにしろ、大野氏の語源説は、日本列島という地理上の位置、日本国の歴史を無視した空論であるとしかいいようがない。

大野晋氏は、『日本語の起源』の中で、母音調和はアルタイ語の一つの特徴であるとし、それ以降も母音調和の存在を熱心に説いていたが、七九二ページに及ぶ大著『日本語の形成』(二〇〇〇年五月・岩波書店)十六~二〇ページで母音調和の非存在を詳述している。

晩年の大野氏は、『日本語練習帳』(岩波新書)なるベストセラーを出して国民に人気はあったようだが、日本語の語源を研究している者にとっては、大野氏は学者でなく、新興宗教・大野教の教祖のようなもので、日本語の語源研究にとって大きな妨げになる存在であった。

万葉集とは「中西進氏を批判する」

以下●は、万葉学者、中西進氏の『万葉集―全訳注原文付』(講談社)の冒頭部分にある「解説」の要約である。中西氏の解説の問題点を、李寧熙女史の解読から得た知識によって批判する。

1：書名

●「万葉集」は、「多くの（＝万）詩華（＝葉）を集めた（集）もの」という意味だと思われる。中国の詩歌集には、林・苑・花など植物に託して詩歌を表現する書名の類型がある。「文苑英華」などがそれで、わが国でも同時代の漢詩集が「懐風藻」などと名づけられている。「万葉集」は鬱然《うつぜん》とした詩歌集《アンソロジー》で、これを名づけて「万葉集」というのは、まことに巧妙な命名といわざるをえない。

中西氏は、「万葉集」と名づけた理由をもっともらしく説明している。しかし「万葉集」は韓国吏読《イドゥ》の知識を使って読むと、マニ・ジブォで、「たくさん拾った」という意味になる。編集した大伴家持《おおとものやかもち》は、古代日本国を、独立国家として杭を打ち立てた激動期の人たちの生と愛の歌、政治と戦いの歌を意図的に根気よく集めたのだ。

2：成立

●「万葉集」全二十巻のうち、巻十七以後の四巻が先立つ十六巻とちがって、大伴家持の身辺詠を日時を追って記しているが、これらが天平十八年（七四六）以後を主とするのに対して、先立つ十六巻は天平十六年（七四四）までの歌である。すると、この間の天平十七年を境として、巻一からの十六巻がこれ以前に成立し、巻十七以後の四巻が以降の成立である、というふうに考えられる。

3：構成

●全二十巻を一つの形として考えると、三部に分かれていると思われる。第一部とは巻一から巻七まで、第二部とは巻八から巻十六まで、そして第三部とは巻十七以降の四巻である。

4：表現の方法

●「万葉集」二十巻は、約四五〇〇首の歌をおさめている。歌体は、長歌・短歌・旋頭歌《せどうか》・仏足石歌《ぶっそくせき》など、さまざまである。これらの歌体をもった歌々は大きく三つの分類によって分けられて載せられている。雑歌《ぞうか》・相聞《そうもん》・挽歌《ばんか》がそれである。雑歌とは種々の歌の意味だから、相聞、挽歌と分類された後の歌への名称である。巻一にそれのあるのは、巻二の方が早い成立であることを示す。そして巻一をかく名づけると、その内容はおのずからに決定されて、晴がましい公の行事にともなう歌となったが、本来は「その他」の分類名である。中国の詩文集「文選《もんぜん》」などにも末尾に「雑」の部をおく。その真似である。

何故、第一巻の冒頭から雑歌で始まるのか、中西氏の説明は説明になっていない。雑歌は、ジャブ・ノレとよめ、「取り歌」の意である。「政権を取った歌」「国を勝ち取った」という意味なのである。だからこそ、巻第一雑歌は第一首に雄略天皇の即位宣言歌、第二首に舒明《じょめい》天皇の国見の歌と続くのである。

雄略は高句麗将軍淵蓋蘇文こと天武天皇のもう一つの顔で、『日本書紀』は壬申の乱というクーデターで政権を取った天武の正当性を述べる「史書」である。そして『万葉集』はもう一つの史書である（『もう一つの万葉集』李寧熙著より）。舒明は百済武王の後の姿。飛鳥地方を占めていた武王の「やまと讃歌」が巻第一―二歌である。李寧熙女史は『まなほ』第六七号でこの歌を解読している。

●さて、こうして分類された四五〇〇余首は、すべて漢字で表記されている。これは、われわれにおける漢字の使い方のように、山・川・海といったものもある（これを正訓字《せいくんじ》という）が、一々の字をかなとして用いて夜麻・可波と書く、いわゆる万葉がなの表記も多い。この場合は概して一字ずつの音を借用するのだが、中には八万《やま》(山)と書く八のように訓を用いることもある（訓がなという）。つまり、漢字の音と訓とをさまざまに用いて表記するのだが、その扱い方はまことに目をみはるばかりで、流石に文字を操ることを仕事としていた人たちであったと驚くほどである。

●中には戯訓《ぎくん》とよばれる文字遊びもしていてクイズまがいである。馬声（イ）、蜂音（ブ）といった表現は、文字づかいにこめた彼らの想像力の豊かさを思わずにはいられない。

ここでの中西氏の説明は、重大な問題を含んでいる。馬声をイ、蜂音をブと戯れて詠んでいるというのだ。以下、その個所の原詩と従来訓を示すと、

〈原詩〉（巻十二—二九九一・作者不明）

▼垂乳根之　母我養蚕乃　眉隠　馬声　蜂音　石花蜘蛛　荒鹿　異母二不相而（注：第十九番目の字は「蛛」を用いているが、正しくは「虫篇に厨」）

〈従来の訓み下し〉

▼たらちねの　母が飼《か》ふ蚕《こ》の　繭隠《まよごも》り　いぶせくもあるか　妹に逢《あ》はずして

〈大意〉

▼足乳根の　母が飼う蚕《かいこ》の繭《まゆ》ごもりするように、心がこもってうっとうしいよ。妻に逢《あ》わずに。（中西進）

問題は、原詩の馬以下の一〇字を　馬声《イ》蜂音《ブ》石《セ》

花蜘蛛《クモ》荒鹿《アルカ》と訓んでいることだ。

李寧熙女史は

垂乳根之《ダラジョッネジ》　母我養蚕乃《バガヤヌエネ》　眉隠馬声《ミウンマソ》　蜂音《ボソ》　石《イシ》

花蜘蛛《ゴジジョッ》　荒鹿《ゴチロ》　異母二《イメ》　不相而《ブルサンイ》　と訓み下し、男女の会話体で、前半は男、後半はそれに応える女の話。大意は次の通りとした。

「垂れた一物《いちもつ》をこうして押し込んでいるけれど恨んでだけはくれないでほしいよ（男）」

「でもあなた、そんなに荒々しくしてはこの私のほとが気の毒だと思いませんか（女）」

「馬声」二字を何故、「い」と一音によませているのか。これについて日本では大学者といわれている某氏は、「馬は『ヒヒーン』と鳴く。しかし『ひ』音は昔『ピ』と発音されていたので『ピピーン』としなければいけなくなる。これはおかしいので『ピピーン』の上に『イ』をかぶせて『イピピーン』とした。それでその第一字目をとって『い』とみなしたんだ」といっている。

（『枕詞の秘密』李寧熙著より）

駄洒落《だじゃれ》ならともかく、学問の世界でこのような解釈が大手を振ってまかり通っているのには呆れるほかない。

「たらちねの」は母にかかる枕詞で、意味がないとされている。しかし、韓国語で読めばはっきりした意味が浮かび上がる。「垂乳根之」は、ダラジヨッネジとよまれ「甘い乳を出す」という意味だから「母にかかる」ではなく、その後に「母が続く」ことになる。その上、「垂乳根之」は性愛歌としては「垂れ男根を出す」との意味で用いられている。性愛歌は単にセックスを詠ったものでなく、それと見せて時の政権、あるいは個人を批判しているのである。巻十二―二九九一歌も、荒々しい征服者に抗議する被支配者の声を表したものである。

●また、歌を表記する文字のことであるが、いわゆる上代特殊かなづかいがある。今日のわれわれは母音としてアイウエオの五つしかもっていないが、当時の日本人は、このほかに別のイエオの母音ももっていたと考えられている。これを前者の甲類に対して乙類という。しかしすべてのイエオ段のかなの発音に甲乙があるのではなく、エキケコソトノヒヘミメモヨロの十四音について両者の発音のあることが知られている。

そしてこれら甲乙を表記する漢字は区別されている。たとえばノ(甲)は努・怒・弩で書き、ノ(乙)は乃・能で書く、といった具合である。

「橋本信吉と上代仮名遣」の個所でやや詳しく述べたが、甲類と乙類の漢字は、韓国音で読むと異なる。甲類の「ノ」は努・怒・弩で(ノ・no)、乙類のノは、乃(ネ・nae)・能(ヌン・neung)で音が全く違う。こんな簡単なことが、中国の方ばかり見て韓半島に無関心な中西氏には分からないのだ。

5：時代

●百二十年にもわたり、これを、世代(三十年)という見方で区切ると、四期にわけることができる。初期万葉、白鳳万葉、平城万葉、天平万葉とも名づけるべき四期がそれである。

6：特質

●半数の作者未詳歌を抱えているのは、何物にもまさる「万葉集」の大きな特質である。多数の人々の歌を、歌として認定し、その中に柿本人麻呂のような有名人の作も交えるのが「万葉集」である。

●「万葉集」について称せられることばに「ますらおぶり」がある。江戸時代の学者、賀茂真淵が「古今集」の「たおやめぶり」に対して名づけたものである。これは「万葉集」の格調の高さ、充実感を指摘したものとして正しいだろう。ことに人麻呂を万葉集の最高のピークと考えれば、まことに適切な指摘である。

●万葉歌の中には、いわゆる縁語・掛け詞の歌が少なくない。それは技巧として用いられたのではなく、ことばが音声の上で用いられ、その中で自然に異義を含みこんだり、語どうしの関連が生きたりしたためである。独特な枕詞・序詞の豊かさも、「ひさかたの」とか「ぬばたまの」とかに、共通して寄せる真情があったからである。それを喚起しつつ次の語を連鎖させていくという方法で、単に次の語の枕として添えたといった程度のものではない。だから私は枕詞・序詞ということばを用いず、次の語に続くまたは接続と本文では説明している。次の語と一つの、連合表現だと考えるのである。

中西氏は、「万葉集」約四千五百首の中に千を超える枕詞の存在について、話を逸らしている。枕詞は「意味不明の修辞」とされてきた。万葉集が詠われていた頃には意味が分かっていたものが、その後意味不明になったとはどういうことなのか。

枕詞は古代韓国語で読めば、はっきりと分かる。中西氏のあげた「ひさかたの」は、「あめ」「あま」などにかかるとされ、万葉仮名では、「比佐迦多能」あるいは「久堅之」と書かれている。李寧熙女史によれば、これは、ビサガダンヌンで「光《ひかり》矢《や》（光線）が行き当たる（突きあたる）」の意。だから、「天」の意の「あま」「あめ」がこれに続くのである。（ビは「光」「日」。サはサルの語末音省略で「矢」。ガは「行く」。ダンヌンは「着く」）。

7：研究史

●天歴《てんりゃく》五年（九五一）、村上天皇の勅令によって、「万葉集」をよみ釈《と》くことが行なわれた。宮中の梨壺《なしつぼ》におかれた和歌所の歌人（これを梨壺の五人という）が事に当たり、この時につけられた訓みを今日古点と称している。源順《みなもとのしたごう》らの業績である。

源順は、当時の漢学の天才であるが、百五十年ほど前に話されていた韓国語には、関心を向けなかった。全文漢字で書かれた「万葉集」が、吏読風万葉仮名で表記されているとは、考えつかなかったものなのか。どうみても漢文ではないと思われるものもあったに違いないが、勅命であり、断ることもできず、無理矢理に訳したのが今日の「万葉集」で、これは「平安万葉集」とでもいうべきものである。

「水」の新羅語モルは日本語「漏《も》る」になった

百済では「水」はメ。アは「端」の百済語。一番端の上の空間（ア）から降ってくる「水」なのでアメ。氷雨《ひさめ》・小雨《こさめ》のメも「水」の百済語。

高句麗では「水」はミ・ミル。「水」を指す「み」「みず」になった。

「分水嶺」を指す「みくまり」という言葉がある。「く」は「曲がる」の意のグブ（굽）の略。「まり」は、「山の背」「絶頂」「床」などの意のマル（마루）の古語マリ。「みくまり」はミグブマリ、「山の背の曲がるところ」を指す言葉である。ミグブマリが「みくまり」となり、「水分」という漢字をあてて「水分《みくまり》」なる日本語は生まれた。

新羅ではモル。現代語ではムル（물）だが古語はモルだった。これは「雨漏《も》り」「水が漏《も》る」などと使われる日本語の「漏《も》る」になった。

韓国語の「砂《すな》」モレ（모래）の古語モロからは「脆《もろ》い」という日本語が生まれた。「くずれやすい・こわれやすい」ものが砂である。

昆虫の蛹《さなぎ》と銅鐸《さなぎ》

「弥生時代の青銅器の一つ」である銅鐸は「さなぎ（鐸）」、「鉄製の大きな鈴」は「さなき（鐸）」と呼ばれている。

昆虫の蛹《さなぎ》は、「完全変態を行う昆虫類の幼虫が、成虫に移る途中で食物の摂取を止め、脱皮して、静止しているもの。この時期に、幼虫の組織は成虫に必要な組織に変わって行く。繭の中に入っているもの（ガ・ハチなど）と、裸のもの（チョウ・甲虫など）とがある（『広辞苑』）。

「鳥」の韓国語はセだが、古語の場合はサでサイともされた。チョウなど、鳥のように飛ぶ虫もサ（シとも）だった。ナギは「出し」を意味する。サナギは、「虫出し」を表す言葉となる。「幼虫を成虫にして外部に送り出す役目をするもの」が蛹《さなぎ》なのである。

では銅鐸の「さなぎ」は何を意味するのか。サは「鉄」、ナギは「出し」。さなぎは「弥生時代、農耕用の祭礼に使用された」と考えられているが、実は「より多くの鉄が出ることを願って土に埋めたり、祭礼に用いたりしたもの」であることが、この語義から推定される。

虫を成長させる蛹に似《に》せ、より多くの鉄が産出するよう祈りを込めて蛹型に作った祭具。それが鐸だったのである。サ（虫）を生む蛹《さなぎ》のイメージから、サ（鉄）を生む鐸《さなぎ》を創り出したのである。

韓半島から出土する銅鐸は小型で、中に舌《ぜつ》がある。日本では大型化し、舌も消滅した。入れ子になっていて話題になった兵庫県南あわじ市（淡路島）で出土した松帆《まつほ》銅鐸は、七個のうち六個に舌があった。

伊奘諾尊《いざなぎのみこと》、伊奘冉尊《いざなみのみこと》は国生みで早い時期に淡路島を生んでいる。銅鐸は濊人たちの祭具だった。銅鐸の出土は、濊人たちが淡路島に住み着いていた証拠になろう。

第二部　語源を辿る

第一章　李寧熙《イヨンヒ》が解いた語源

身体語（李寧熙解読）

あ・あし【足】

「足」の古語は「あ」。古代韓国語でア（a）は「端」のこと。百済系の言葉である。原型はアッ。語末音が消滅したものがア、もう一つの音に伸びたものがアシ（a-si）。「端」を意味するア・アシが、「足」の意の日本語「あ」「あし」になった。「足」は人体の「最端」に位置する部分だからである。「足」は、身体のうちで一番長い部分であるため「長い方」の意でジモともいわれた。日本では「しも（下）」となっている。

> 百済系の「端」を表す古代韓国語アには「端」のほかに「最高」「最初」などの意味もある。従って「あ」のつく日本語にはこれらの意味を持つものが多い。

あご【顎・頤】

頭の下部にあって、上下に開閉する機能を持つ、骨（顎骨）と筋肉を中心に形成された、口の構造物全体を指す。

『和漢三才図会』によると「あご」の和名は「阿岐」、俗語では「阿吾」。「あご」は元来「あぎ」であった。

古代韓国語の「顎《あご》」をあらわすアグ（a-gu）、アギィ（a-gui）が「あぎ」になり「あご」になった。アグ・アギィは、今では魚の名前になっている。アゴが体の半分ほどを占める口の大きい魚、鮟鱇《あんこう》である。現代韓国語でアグィ（아귀）と呼ばれている。

あたま【頭】

「端の丸」「頭頂」を表す古代韓国語アタム。アタムはアタマとも呼ばれた。

アは、「端」を意味する百済系の言葉。タム・タマは「丸」。「球形や円形のもの」または「最高のもの」「最高位の存在」「頂」「王」などを表した。宝玉、珠形、貴重なものなどを表す「たま」になっている。アタム・アタマとは、「一番端にある丸形のもの」。頭は「体の一番端にある、最高の丸」である。

うで【腕】

人間の肩から手までの部分のこと。

「上の手」の意の古代韓国語ウデ。ウは「上」の古語（現代語はウィ）。デは「て（手）」の項参照。ウデは「上の方の手」「手の上部」を意味する。

おつむ

幼児・婦人語、また俗な言い方。「おつむり」の略。

高句麗《ゴグリョ》の建国王、東明聖王の異名チュモの元来の意味はタム・タマと同じ「頂・首長・王」つまり「お頭《かしら》」のこと。チュモはタマの高句麗言葉である。韓国語では、ch音とt音は相互交替する。

このチュモが、日本語の「頭」を指す「おつむ」の「つむ」になっている。

おでこ

浄瑠璃《じょうるり》の木作り人形の「頭」のことを、「木偶」と漢字表記して「でこ」と読ませている。

「おでこ」は額《ひたい》のことだが、韓国古語デゴルは「頭」のこと。これが、「でこ」になった。現代語でデガリ（대가리）は「頭」の俗語となっている。

韓国語の語末音は、日本にくると消されるか、もう一つの音に独立する（変転の法則その二）。デゴルの語末音「ル」が完全に消されると、デゴになる。「でこ」は、「でこ人形」の「でこ」のように、初めのうちは「頭」の意として使われたが、しだいに「額」の意にずれてきた。

かみ【髪】

「（体や髪《かみ》を）洗う」の意の韓国語動詞ガムタ（감다）の語幹ガムにイをつけると名詞形のガムイ（ガミと発音）「洗うもの」になる。髪は常に「洗うもの」であり、身体の一番「上」の方に位置しているので「髪」と「上」は「洗うもの」（ガミ）という同一語で呼ばれた。

順に整理すると次のようになる。

（1）「髪」は常に「洗うもの」
（2）「洗うもの」＝ガミ
（3）「髪」はガミと呼ばれた。
（4）「髪」は身体の一番「上」にある。
（5）「上（かみ）」は「髪」と同じ言葉でよばれるようになる。＝ガミ
（6）「上（かみ）」＝ガミ・「髪」＝ガミ
（7）韓国語の濁音は語頭では清音化される（変転の法則その二）ガミ→「かみ」

くち【口】

口《くち》の万葉仮名表記「久知」は韓国式漢字の音よみでグジとよまれる。「串《くし》」「岬《みさき》」または「串刺し」の意のゴジに対応する。韓国語のゴとグは、相互交替する音である。ゴジは古語でもあり現代語でもある。

口《くち》に食べ物を差し入れる行為は「串刺し」することに似ているから、ゴジと呼ばれ、清音化され、「くち」になった。現代韓国語の口《くち》イプ（입）は「口を通して言葉として出す」行為を指す「言う（古語「いふ二）」になっている。

くび【頸・首】

脊椎動物の頭と胴をつないでいる部分。頸部《けいぶ》のこと。万葉仮名表記「久比」。

「曲がる」の意のグビが「くび」になった。首は前後左右自在に「曲がる」。足首・手首など頸部以外の「首」も「曲がる」部位である。

け【毛】

「毛」の意の古代韓国語ゲ。

古代韓国語でアダゲは「毛布」のこと。アダは「肌ふれ」または「暖かい」の意、ゲは「毛」。

この「毛」の意のゲの同音同義語のゲが「木《き・こ・け》」にもなっている。木を大地に生えた「毛」とみなした言葉である。

こえ【声・こゑ】

古表記「こゑ」。

「溜《ため》る」「溜るもの」の意の古代韓国語ゴヱ。

人や動物の発生器から出る「声」を、口内や喉な

どに「溜っているもの」と見做した言葉。韓国語の濁音は日本に来ると清音に変えられる（変転の法則二—①）のでゴヱは「こゑ」になる。「唖《おし》」の古語「おふし」の語源もオボㇽチ「空洞になっている人」の意で、口の中や喉に「溜るもの」つまり「声」がない状態の人を指す言葉である。

こし【腰】

人体で、骨盤のある部分。脊椎が骨盤とつながっている部分で、上半身を屈曲・回転できるところ。「性行為」「串刺し」の意の古代韓国語ゴジ。ゴジには「岬」「串」などの意味もある。この「岬」の意のゴジが地名「越《こし》」（現在の福井県敦賀市から山形県庄内地方の一部に相当する地域）になった。越の国と呼ばれた地方には、能登半島という大きな岬がある。

しし【肉】

1：人のからだの肉・2：猪《いのしし》・鹿《しか》などの食用肉。韓国語の鹿サスム（사슴）の古語はシシㇺだった。古代において鹿肉は「肉の代名詞」のようなものだったので、「肉」はシシㇺと呼ばれた。語末音が消滅してシシになった。太り肉《じし》・堅肉《かたじし》・痩せ肉《じし》などの言葉に残されているほか、猪・鹿を指す「しし」は晩秋の季語としても使われている。

せ【背】

漢字「背」は、「肉」＋音符「北」。もともと人体の「腹と反対側」は「北」という字で示していた。「北」は、人を後ろ側から見た様子を描いた象形文字である。「北」が太陽に背を向けるの意から方角を示す「きた」を意味するようになったのに伴い、「肉」をつけて「せ」「せなか」「そむく」を意味するようになった。語源は背《せ》の意の古代韓国語セ。この日本語と韓国語は同音・同語である。「背」は「背の君」（兄の君とも）として「夫」に用いられる。背の君＝後ろの君つまりバック勢力のこと。

セ（鉄）の君でもある。

ただむき【太太無岐・太太牟支】

腕の古語。「太太無岐」（『和名鈔』）、「太太牟支」（『新選字鏡』）などと表記された。

「ダ（手などで触れること）・ダ（すべて）・ムキ（一つに括ったもの・括ること）」の意。五本の指と手のひらなど（物に）触れる体の部位が「ただむき」である。

ち・ちち【乳】

乳《ちち》は、現代韓国語でジョッ（젖）。古代語も酷似音であった。ジョッが「ち」となり、乳は二つあるので重ねて「ちち」とした。複数をあらわすために二つ重ねた身体語に「耳《みみ》」「頬《ほほ》」「腿《もも》」「お目目《めめ》」がある。

つめ【爪】

「小さい」の意の古代韓国語チョメ（cho-mae）。現在の慶尚道方言でもある。

韓国語のch音は日本語になる過程でts音に変わるのでチョは「つ」になる。

「爪」は指の先にある「小さい」ものなのでこうよばれた。

つら【面】

「顔の輪郭」を指す韓国語ドゥラ。d音がts音になり（変転の法則その五）、語末音が消滅（変転の法則その一―①）して、ドゥラは「つら」になった。

て【手】

手《て》の語源は、「(手で)触《さわ》る」「(手を)当《あ》てる」の意の動詞デダ（대다）の語幹デ。これが「手《て》」となった。

のど【喉】

咽喉《いんこう》は、首の一部であり、頸椎の前方にある。内部は咽頭と喉頭から構成され、口の奥、食道と気管の上にある。咽喉の重要な特徴として、食道と気管を分け、食物が気管に入るのを防ぐ喉頭蓋がある。

「越える所」を意味するノヲムトが喉《のど》の語源。「飲《の》

む」の語源も、この「越える」の意の動詞ノヲムダ（넘다）の語幹ノヲム。「飲む」という行為は、食べ物が喉を「越える」ことなのである。

は【歯】

口腔内にある咀嚼《そしゃく》するための一番目の器官。人体でもっとも硬く、食物を口中で細かく噛み砕いてから飲み下すことで、消化の助けを行う。また、そのままでは飲み込めない食物も細かく噛んで、喉の直径よりも小さくすることで摂取できるようになる。

「砕く」の意のバッダ（밪다）の語幹バッ。歯は食べ物を「砕く」器官である。

語末音「ッ」が消え、韓国語のb・p音が日本語のh・w・a音になって（変転の法則その六）パッは「は」となった。

はだ【肌】

肌・人などの体の表面・万葉仮名表記「波太」「波多」。

「底」「平面」「生地」の意の古代韓国語バダ（바다）現代語ではバダㇰ（바닥）。

韓国語の濁音は日本に来ると清音になる（変転の法則その二）ので、バダはハダになった。

『万葉集』などの中では「波太」は「肌」を意味するとともに「底」つまり「性器」をさす言葉として使われている。

はな【鼻】

「バ（場）ナ（出）」。バ（바）は、日本語の「ば」（場）とまったく同音同義で、「場所」「平たい所」を表す古語。ナ（나）は「出る」の意の動詞ナダ（나다）の語幹。「平たい所から突き出ている」状態を表す。鼻は、顔の中で一番高く突き出ている器官なので、こう名付けられた。

韓国語のb・p音は、日本に来るとw・h音に変わる（「変転の法則」その六）ので、バは「は」になる。バナは「はな」になるのである。

江戸時代の蘭学者前野良沢、杉田玄白等がオランダの解剖図譜『ターヘル・アナトミア』を翻訳、『解体新書』として完成させたが、その苦労譚のひとつにこの「鼻」の話がある。

「（顔の中に）うず高く盛り上がったもの」……オランダ語でも「鼻」はこのように説明されていた。

「物の先端」「突端」を指す日本語「はな（端）」の語源も、このバナである。

はら【腹】

「はら（腹）」の万葉仮名表記「波良」を吏読《イドゥ》式に読むとパラになる。「はら（腹）」の日本古音も、これとぴったり同音の「ぱら」である。

一方、「原」の意の韓国語ボヲル（벌）の古語はバルだった。このバルが、「原」「腹」の意の「はら」に変音した。

「腹」は身体の中でも平らで広いところなので、バル・バラつまり「平地」と呼ばれた。韓国語の濁音は日本に来ると清音に変えられる（変転の法則その二）のでバラはハラになった。

はらわた【腸】

①腹腔内の臓腑《ぞうふ》。大腸・小腸などの総称。②動物の内臓。臓物《ぞうもつ》。③瓜《うり》などの内部で種を包んでいる、やわらかい綿のような部分。

「はら」は「原」の意のバル。

「わた」は「海」の意のバラ。バラの原意は「一直線にはった筋模様」。バレ・バダ・バラル・バダルなどと呼ばれていた。「海」は「一直線に張った筋模様」の「波」によって象徴されるものなので、バラと呼ばれた。綿《わた》畑のはじけた綿の実は、白い波の海を思わせるので「綿」も「海」と同じバラで表現された。腹腔内の腸も「綿」に似た形状なので、「わた」とよばれることとなった。

ひげ【髭・髯・鬚】

広義には動物の口縁部に生える触毛のこと。狭義にはヒトの顔毛のことをいい、髭（くちひげ）、鬚（あごひげ）髯（ほおひげ）の三種に分かれる。

古代ギリシア・ローマでは、一般男子はひげを蓄えず、この慣習はその後の西欧社会にも基本的に踏襲された。日本では仏教伝来以後、剃《そ》ることが行われたが、戦国の世になると武士、公家《くげ》ともにその威厳を示すために蓄えるようになった。

「切るもの」の意のビゲが語源。「ひげ」は野放図にのばすものではなく、蓄えるにしても「切って」整えるものであった。

ひじ【臂・肘】

ひじ（臂・肘）は、上腕と前腕を繋ぐ肘《ひじ》関節とその周辺の筋や腱のことをいう。狭義には、腕を折り曲げたときに外側になる部分を指す。肘のような形状（特に直角に曲がった形）のことも、肘と称される。

肘《ひじ》の語源は、韓国語のビジ（古音ビデイ）。動詞ビジブダ（비집다）の語幹に当たる。「かきわけて入る」「割り込む」「こじあける」「ねじあける」の意。

肘は、くの字に曲がり、割り込み、こじあける働きをする身体部位なのでビジとよばれた。

ひたい【額・ひたひ】

万葉仮名表記「比太飛」。

「狭いもの」の意のビジャビまたはビジョビ。「狭い」「小さい」の意の現代語はビジョブダ（비좁다）。

韓国語のj音とd音は相互交替するのでビジャビ・ビジョビはビダビ・ビドビとなる。濁音が清音化し「ひたひ」となった。額は「狭い身体部位」なので「狭いもの」と呼ばれた。

ひと【人】

古音「ぴと」。

「血めぐり」の意の古代韓国語ピド。

ピは「血」。ドは「廻る」「廻り」の意の動詞ドルダ（돌다）の語幹。

全身に血が回っている存在、生き物としての人間をピド（血めぐり）と呼んだもの。

韓国語のｐ音は日本語になる過程でｈ音に変えられる（変転の法則その三）のでピ→「ひ」。

韓国語の濁音は日本に来ると清音に変えられる

（変転の法則その二）のでドは「と」になる。

古代語における「ひと」の概念の中には「人間・世間の人、万人・成人・身分、分際・人民、臣下」などのほかに「人以外の動物」も含まれている。これは「ピド（ヒト）」が元々血の流れている「生き物」を表す言葉だったからである。

ふぐり

陰嚢の称。哺乳類の雄の陰茎基部にあって下垂し、精巣＝睾丸・副精巣などを内部に含む袋。きんたま、男陰。

韓国古語ボクリ。ボは「風呂敷」、クリは「包み」、「風呂敷包み」のことである。

このボクリが、日本語「袋《ふくろ》」の語源であり、「松ぼっくり」の「ぼっくり」、男性の陰嚢を意味する「ふぐり」の語源である。

へそ【臍】

臍《へそ》の語源は、古代韓国語ベソ。「腹中」の意である。ベは「腹」。現代語も古語も同じ。ソは古語で「中」「中身」。現代語ではソク（속）。

秘密の私財をいう「へそくり」のクリは「包み」。へそくりとは「腹中の包み」のことなのである。

ほと【陰】

陰《ほと》は、『古事記』や『祝詞』など古代の文献にしげしげと登場する古語で、女性の陰部のこと。

韓国の古語ボデ・ボディ・ボンドゥが「ほと」の語源で、「袋」の意である。ボンドゥは「封筒《ふうとう》」にもなっている。

男性器の「ふぐり」も「袋」であった。

ほほ【頬】

頬《ほほ》は韓国語でボル（볼）。「はば」も意味する。現代語であると同時に古語でもある。ボルの語末音が消されるとボになり、濁音が清音になると「ほ」に変わる。ほっぺたは右と左に一つずつ、二つあるので重複させ「ほほ」と呼んだ。

まつげ【睫毛】

まつげは、まぶた（眼瞼）の端に生える体毛。埃《ほこり》などの異物が目の中に入るのを防ぐ役割があり、上側がより発達するのも、この機能に関連していると考えられる。また、接触を感知する機能があり、反射で眼瞼を閉じるなどの行動に直結している。

「合わせ毛」を表す韓国語マチゲ。マチは「合わせる」の意のマチダ、現代語ではマッチュダ(맞추다)の語幹または名詞形。ゲは「毛」「木」のこと。まつげは、目の上下にあって、合わせるように配置されている。「合わせ毛」である。

まゆ【眉】

眉《まゆ》の古語「まよ」は、「麻用」「麻欲」などと万葉仮名表記されていた。「小さくて丸く固まったもの」を表すマンウル(망울)の古語マンオル(망얼)。このeo音はヨに近く聞こえる。マンヨルの語末音を全て取り除くとマヨになる。「まよ」がさらに「まゆ」に転音した。

「まよ」「まゆ」は「眉」のことであると同時に「繭《まゆ》」を指す古語である。繭とは、活動停止または鈍い活動状態にある動物を包み込んで保護する覆いのこと。眉も繭も、「小さくて丸く固まったもの」である。

みみ【耳】

耳・聴覚を司る器官。万葉仮名表記「美美」。

「後部」の意の古代韓国語ミ。高句麗系の言葉であるこのミは、「(前部に続く)後部」の意。耳は「顔面に続く後の方に位置する器官」なので、このような名称が付けられた。

「破れる」「穴があく」「禿げている」の意の動詞ミダ(미다)の語幹ミとも考えられる。

現代韓国語で「耳」はギィ(귀)だが、原意は「角」のことである。耳は顔面の角、隅にある器官なのでこう呼ばれた。人体に二つあるので、重ねて「みみ」と呼んだ。

耳の長い動物である「兎《うさぎ》」は、古代韓国語でヲサギィ。「長い耳」の意味でそのまま動物の「兎」を指した。一方、高句麗語の吏読表記では「烏斯含」とされている。ヲサハㇺと読まれたが、ハㇺはハミの略音なので、正確にはヲサハミ。意味は「長大耳」すなわち「長くて大きい耳」の意。

兎の古代韓国語がヲサギィ（長耳）とオサハミ（長大耳）のふたつあったことから「耳」の意の古代韓国語もギィとミの二つあったことが類推できる。ギィは新羅・伽耶にまたがる韓半島東南部一帯の言葉、ミは高句麗・百済系の韓半島西北部の言葉。古代韓半島三国の言葉は、高句麗と百済は比較的近く、百済と新羅も通じやすかったので、新羅と高句麗の人が話をするときは百済人が間に入ったといわれている。

現代韓国語の「耳」になっているギィは「耳を使う行為」である「聞く」になっている。

現代韓国語で「兎」はトッキ（토끼）。「聳える耳」の意である。

むね【胸・むな】

体の前面、首と腹の間。古語「むな」。「牟泥」「武禰」とも表記した。

胸《むね》の古音は「むな」。「突き出ている胴体の部分」の意の韓国語ムㇳナに当たる。

ムㇳ（뭍）は「陸」の意。古語では「胴体」も意味した。ナは「出る」。ムㇳナは「突き出ている陸」つまり「出張っている胴体」のこと。胴体を「陸」に見なした言葉。

ムㇳナはムンナと発音される。このムンナが、「むな」と呼ばれ、後代「むね」となった。

現代韓国語の「胸」はガスㇺ（가슴）。古語ではガスム・ガサム。「かさばっているもの」の意である。胸は乳房でかさばっているのでこう呼ばれた。古代韓国語では「胸」を表す言葉がムㇳナとガサㇺのふたつあった。一方は百済系でもう一方は新羅系であったと考えられる。

め【目・眼】

「集め」の意の古語メェ。このメェは、「山」や「(土まんじゅう形の）お墓」、「お米」（「御飯」も）、「女陰」（「女」も）を意味するメェとまったく同音。乙類の音である。

これらのメェにはすべて「半球形でふっくらしている」という共通点がある。山も、土まんじゅうのお墓も、お椀を伏せたような半球形。白米で炊いた御飯をどんぶりに盛り上げた形、そして女陰も、目も、ふっくらした半球形である。

もも【腿・股】

脚の上部の腰に連なる部分。

「集まり」の意のモㇳ(몯)が語源である。語末音が消されたもの。

モㇳはモドとも呼ばれていた。「集まり」「全部」を表す。現代韓国語でもモドゥ(모두)は「皆」「全部」「凡《すべ》て」である。

モㇳには根源の意味も含められている。これが日本語「本《もと》」「元《もと》」の「もと」になっている。「股」や「脚」は両足が「集められて」成立する器官なので「集まり」の意の名前がつけられた。体の「根元」をなす器官の意味もあった。

複数を強調するため、重複語となっている。同様の身体語に、耳《みみ》・頬《ほほ》・お手手《てて》・お目々《めめ》がある。

ゆび【指】

手、または足の先に付いている、枝分かれした部分。下肢のものには漢字に「趾《し》」を用いる。

指《ゆび》は、古代韓国語でヤビ・ヤブまたイェビ・ヨヲブと呼ばれた。「やせ細っているもの(こと)」の意。指は手から五本に分かれ、「やせ細った」形をしているので、こう呼ばれた。「やせ細る」の現代語はヨウィダ(여위다)。

このヤビ・イェビが、「いび」「ゆび」に転音、日本語の「指」になった。

鹿児島の温泉地指宿《いぶすき》はイェビ・ジュルギで「指筋」の意。温泉の水脈が指状に流れていることを表す地名。

濃尾平野を流れる揖斐《いび》川の揖斐もこのイェビ。沢山の支流を集めて流れる川なのでこう呼ばれた。揖斐川は「指川」だったのである。

幸福の源「幸」

「ここにサチあり青い空……」この歌のおかげか、「ここにサチあり」は有名なフレーズとなっている。結婚披露宴でよく歌われ、長いこと祝婚歌の定番だったという。

漢字「幸（さち、しあわせ、さいわい、さき、こう）」は「手かせ」または「若死にをまぬかれる」を意味する象形文字。「運が良い」という意味が転じて「しあわせ」を意味するようになったもの……とされている。

ところで、このサチの本当の意味は何か。サは「鉄」、チは「嵌《は》める」の意のキウダ（끼우다）の語幹キの新羅言葉で、現在の慶尚道方言チダのチである。

サチは「鉄の刃《やいば》をほかの物体に嵌《は》めこんだ」鉄製品の総称。「鉄嵌《は》め」つまり「鉄器」のことなのである。鏃《やじり》はもちろん、刀《かたな》、槍《やり》、戈《ほこ》・斧《おの》、鎚《つち》、鋸《のこぎり》、鑿《のみ》、鋤《すき》、鎌《かま》、鍬《くわ》など……。諸々《もろもろ》の武器と製造道具、農機具などは、弓矢の矢のように鉄の刃を木などに嵌めて作られたものである。

鉄器は、武器として領土を広げたり、家を作るのにも使われ、獣や魚の収穫量をふやし、農産物の収量もあげた。鉄器、すなわちサチこそは、万能の「打出の小槌《こづち》」であり、幸福の根源だった。

「鉄嵌め」の意の古代韓国語サチが「幸福」を指称する日本語に成り代わった背景には、こうしたわけがあった。

鬼の金棒は、鍛冶作業を象徴している。鬼の語源はオンニ。今では姉・兄など年上の兄弟を呼ぶ語だが、元々は「大きい人」のことだった。鍛冶場で働く男たちは、体格のいい、大きな男たちが多かったので「大きい人」と呼ばれた。鬼が虎の毛皮の褌《ふんどし》をしているのも、火に強い毛皮は、飛び散った火花から身を守るのに最適だったからである。虎は、猫科にもかかわらず水浴びをする動物として知られている。分厚く水にも強い虎の毛皮は最高のブランド品だった。

天体・自然に関する言葉（李寧熙解読）

二国間の言語が同系統である証拠として、挙げられるものの一つ、天体語と雨・霰・いなずまなどの自然現象の語源を紹介する。

百済系の「端」を表す古代韓国語ア（a）の原形はアッ。このような単音節の言葉は、語末音が消滅する（変転の法則一—①）か、語尾に母音を伴って二音節に発音されていた（変転の法則一—②）。アまたはアシと言われていたアには「端」のほかに「最高」「最初」「最長」などの意味もある。従って「あ」のつく日本語にはこれらの意味を持つものが多い。

あ・あぜ【畔・畦】

田と田の間に土を盛り上げたしきり。アは「端」のこと。畦は「田圃《たんぼ》の端に位置する部分」なので「端」と呼ばれた。「あぜ」の「ぜ」は、「城」「峠」の意のジェ（재）。現代語では「将棋盤の手前の端の線」も表す。「小高く長い線状」を意味する語。従ってアジェは「小高く細長い端っこ」の意。「畦」は単に「あ」ともいわれた。これは「端」の意のアがそのまま使われたものである。

あま【天】（「あめ」の古形）

「（番高い所の）端の空間」「天空」の意の古代韓国語アマ。

アは「端」。平面的な端だけでなく立体的な端（一番高い所）をも意味した。百済系の言葉だが、新羅・伽耶地方でも使われていた節がある。

マは「物と物の間」「空間」「時間と時間の間」「区切り」などを表す。日本語「間《ま》」と全く同じ言葉である。現代韓国語でマ（마）は、主に織物の長さの単位を表す（一マ＝一ヤード）言葉として使われ

ている。

アマは「一番高い所の空間」つまり「天空」のことである。

あめ【雨】

大気中の水蒸気が高所で凝結して地上に落ちるもの。

「(一番上の方の)端の水」「天から降ってくる水」の意のアメ(a-mae)。アは「端」、メは百済語の「水」。メは「買」と吏読表記された。

現代韓国語で「雨」はビ(비)だが、これは「大雨」の意の古語「ひさめ」の「ひ」になって残されている。

あら【海】

海の古語。

「海」の古語バラル。語末音が省略され、バラとなった。韓国語のb音は日本語のw・h・a音になる(変転の法則その六)のでバがアになり、アラとなった。

あられ【霰】

雪の結晶に過冷却状態の水滴が付着して凍り、白色透明の氷の小塊になって地上に降るもの。古くは雹《ひょう》をも含めていう。雪あられ。氷あられ。ほしいを炒って細かくし、湯に浮かして飲むもの。霰《あられ》餅《もち》の略。……『広辞苑』

「卵」「粒」「玉」「穀物」の意のアル(알)を二重に重ねたアル・アルに語尾のエがついたものアル・エが原形でアラレと発音された。

お菓子の「あられ」は粒々、「霰釜《あられかま》」は粒のような形を細かく打ち出した茶の湯の釜、「あられ酒」は麹《こうじ》のかすが溶け切れずに霰のように混じった味醂《みりん》……など「あられ」のつくものはみな粒々で説明できる。

『語源大辞典』(堀井令以知・東京堂)では〈…水蒸気が空中で小粒に氷結して降るもの。アラク(散く)からか。アラアラ、アララのような驚く時に発する語形の転か。……〉と解説しているが、これではお菓子の「あられ」や「霰釜」などの説明がつかない。

いざよい【十六夜・いざよひ】

陰暦十六日の夜。また、その月。

「今から（続けて）痩せる」の意の古代韓国語イジヤヨヲビから「いざよい」が生まれた。

イジャは、「今」、ヨヲビは「痩せる」。

十六夜は、十五夜（満月）の翌日の月の状況をいい表している。

いし【石】

岩石のうち割合小さいもの。

「継《つ》ぐもの」「繋《つな》ぐもの」のイシ。「継ぐ」「繋ぐ」の動詞イッダ（잇다）の語幹イッに母音が付き名詞化されたもの。

石は不変の存在だったので、古代人は、継ぐもの、継承されるものとして神聖視した。

また、石は繋ぐものでもあった。土と混ぜ、道や城壁を作り、泥や藁《わら》と混ぜ、家も作った。石で繋いだ道や壁は堅固だった。

いずみ【泉・いづみ】

イッドツミで、「たて続けに湧く水」のこと。イッは「たて続けに」。ドッは「湧く」だが、もともと「聳《そび》える」の意。ミは古代韓国語でも日本語でも「水」。高句麗語で「水」はミまたはミルと呼ばれた。ミは日本語「み」に、ミルは「水」になっている。

いなずま【稲妻・いなづま】

いなびかり。

「たて続けにあらわれる軒《のき》」の意のイナチュマ。イナは「たて続けに出る（現れる）」。チュマは「軒」。「立て続けに現れる軒のようなジグザグ形の光」がイナチュマ。

「いなづま」は「雷光」を鋭く光る空の軒（ジグザグ形）として捉えた言葉。漢字で「稲妻」と表記されるが借字であって「稲」とも「妻」とも全く関係が無い。

従来の語源説の中には〈「稲の夫《つま》」の意。稲の結実の時期に多いところから、これによって稲が実るとされた。『広辞苑』などがあるが、漢字の義に惑わされた誤訳といわねばならない。

いなつるび

いなびかり。

「たて続けに現れる閃光」「連続閃光」の意のイナジュルビッ。イナは「立て続けに出る」こと。ジュル（줄）は「線」「弦《つる》」、ビッ（빛）は「光」「光線」。「いなつるび」とは、雷の光が現れる状況を表現した言葉である。

従来説では〈「つるび」は交尾・交接の意。稲の結実期に多いからこういう。『広辞苑』〉などといわれているが、そういう意味は全くない。

いなびかり【稲光】

「たてつづけに現れる光」の意の韓国古語イナビッカリ。イナは「立て続けに出る」こと。ビッカリの現代語はビッカル（빛갈）で「色」のこと。色は光の賜物。韓国語ビッカリ（色）が「ひかり」（光）になっている。

いわ【岩・磐・巌・いは】

大きな岩石。

韓国式訓よみで「磐」はバウィ（바위）とよまれる。古語はバオ・バウ・バイだった。吏読表記は「波衣」。古代韓国語のバオ・バウ・バイが日本語に変わる時「イバ」「イパ」と逆転置され、これがイハ・イワとなった。

「磐」は万葉仮名表記で「伊波」だが、これを韓国式音読みすると、イパになる。古代韓国語のイパは「言うこと」「言う者」「言って」の意で、「天のお告げを伝達する祭祀者」「託宣者」を指す。『万葉集』では「磐」はしばしばこの「託宣者」の意で使われている。

古代韓国語のイパには「立て続けに掘る」「続けて砕く」「続けて見守る」といった意味もあるが、これらは全て鉄作りと関連する言葉である。

うしお【潮・うしほ】

海の水。

「海の表面」「上の方の海水」を表すウシボ。「う」はウィ（위）の古語ウで、「上」の意。「しお」は、「塩辛い」を意味する古代韓国語シボから変化したもの。ウシボは「塩辛い海水」のこと。

うみ【海】

古代韓国語ウ（u）には、「上」のほか「大きい」「偉大な」の意味も含まれていた。ミは「水」を意味する高句麗語。したがってウミは「大きい水」「偉大な水」の意になる。

うら【浦】

海や湖が入江となって、波が静かなところ。また、その浜辺。

「囲《かこ》いの中」の意のウラン。

ウランは「囲い」「垣根」「中がからっぽで上開きのものの縁の回りを取り囲んだ部分」（『民衆エッセンス韓日辞典』）の意のウル（울）と「中」の意のアン（안）からなる言葉。ウルアンはリエゾンしてウランと発音された。

「裏」には「内側」の概念が強く、「浦」は「海や湖の曲がって陸地に入りこんだところ」とされるが、まさに「囲いの中」である。

おうみ【淡海・あふみ】

アブルミで、「合う水」「調和する水」「混ざる水」。すなわち「淡水」のことである。アブルは「合う」、ミは「水」。アブルミが「あふみ」になり、「おうみ」になった。

「おうみ」は「近江」とも表記される。旧国名のひとつで、現在の滋賀県にあたる地方の名称。「近江」の文字は浜名湖のある遠江《とうとおみ》（遠つ淡海）に対して近江（近つ淡海）と称したもの。滋賀県の琵琶湖は日本最大の淡水湖、浜名湖は静岡県南西部にある汽水湖だが、もとは淡水湖であった。

おか【丘・岡・をか】

小高くなった地。

「固くがんじょうな処」の意の古代韓国語ヲクガ。ヲクには、「頑丈な」「強い」「硬い」などの義が含められている。ガは「処」のこと。ヲクガが「をか」に、更に「おか」になった。

かげろい【かげろひ】

「鏡陽」の意の古語ガグロビから「かげろひ」になった。ガグロ・ゴグロは「逆見」の意で「鏡」の古代語。ビはビッで「光」「陽《ひ》」のこと。

かぜ【風】

韓国語ガシ。ガセとも呼ばれた。「漱ぐ」「去る」「失せる」の意の動詞ガシダ（가시다）の語幹。

風は「空気が流れ動く現象」で、空気を洗浄する、つまり「漱《すす》ぐ」役割をする。ガセが「かぜ」になった。

かた【潟】

外海と分離してできた湖や沼。

「端の地」の意のガタ。

ガは「端」をあらわす新羅系の言葉。原型はガッ。川べりを指す河岸《かし》の「か」、「陸地の端の場」である川《かわ》の「か」もこのガである。タは「地」の意。潟は陸地の端、海との境目にある。

かわ【川・かは】

「端の場」の意の古代韓国語ガバ。ガは「端」、バは「場」。川《かは》は「陸地の端の場」、皮《かは》は「身体などの端の場」である。

くも【雲】

黒を指す古音グムに、母音オが付いたグムオはグモと発音される。日本語「雲《くも》」は、ここから生まれた。古代人は、雲を黒い存在として捉えていた。雨を降らせる雨雲は、黒い雲だったからである。特に雪雲の黒さはこの語源を実感させる。黒の意のグムの現代音はグヲム（검）である。

こおり【氷・こほり】

「かじかんだ氷」つまり「固い氷」の意のゴボリ。

「かじかむ」「凍《こご》える」「縮《ちぢ》む」の意の動詞ゴブタ（곱다）の語幹ゴブと「凍る」の意のヲルダ（얼다）の

語幹ヲㇽに、名詞形の接尾語イが付いたもの。ゴプヲㇽイをリエゾンして発音するとゴボリになる。ゴボリが「こほり」になり「こおり」になった。

さか【坂】

「山の端」「山の頂」の意の古代韓国語ジャガ。ジャは「山」、特に斜面としての「山」を意味した。ガは「端」「てっぺん」の意。従って「さか」とは、「山の端」「山の頂」のことである。

さわ【沢・さは】

沼地(沢)で足を取られないよう注意を喚起することから生まれた言葉。「さは」は、「(足を)取る」存在の意でジャバと呼ばれた。

「取る」の韓国語ジャブダ(잡다)の語幹ジャブの語末音に母音がつくとジャブア(ジャバと発音される)になる。このジャバが「さは」となり、今日の「さわ」となった。

しお【潮・しほ】

韓国古語シブは、「苦い」「塩辛い」の意の動詞シブダの語幹。語末音「ブ」がもう一つの音節に独立したシボは、「苦いもの」「塩辛いもの」を意味した。シブは、現在の慶尚道方言でもある。

シボから「しほ」「しお」に。また塩辛い海水、つまり「潮《しお》」をも指称するようになった。

しおさい【潮騒・しほさひ】

満ち潮のとき波が立てる大きなひびき。

しおは前項参照。

「さい」は古語サウィで「競う」「戦う」の意。現代語ではサウム(싸움)。「しおさい」は「潮の騒ぎ立てる音」の意である。

しぐれ【時雨】

現代語の動詞ジグㇴゴヲリダ(지근거리다)の意味は①うるさく悩ませる ②しつこくせがむ ③子供がぐずぐずいっていうことを聞かない時の表現。ゴヲリダは動詞の末尾に付いて、同じ動作を繰りかえすことを表す終結語尾。「しぐれ」は「ぐずぐずした天気」のことだから、語幹のジグㇴが

「しぐれ」の語源である。

しま【島】

万葉仮名表記「施麻」「斯麻」「斯摩」。

百済語で「島」はサマまたシマ・セマと呼ばれていた。「セ（狭い）マ（間）」の意味でこれが日本語「島《しま》」の語源である。

古代韓国語の「サ・シ・ス・セ・ソ」は互いによく交替していた。地方によって異なっていた韓国語の語音のうちのひとつが日本語になっている例は多い。古代韓国の各地方から幾度にも日本に渡って来た事実を表すものである。

この「島」の意の古代韓国語セマは「狭《せま》い」の「せま」にもなっている。

しも【霜】

「水っぽい釘」を意味する韓国語のジルモッ。ジルダ（질다）は、「水っぽい」「軟らかすぎる」「ぬかる」などを表す言葉。モッ（못）は「釘《くぎ》」。ジルモッの語末音「ル」「ッ」が消えて「しも」になった。

そら【空】

万葉仮名表記「虚」「蘇良」。

「（天空のように）聳えている国」の意の古代韓国語ソッラ（ソシラとも）。韓国の古代国家「新羅《シンラ》」を意味する。

新羅はサロ・サラ・シイラ・セラ・ソラなど、多様に呼ばれていたがいずれも「鉄国」「金（金属）国」の意である。

『記・紀・万葉』など日本の古文献では「空」「虚」「蘇良」などと表記され、「そら」と読まれている。

『記・紀・万葉』などが書かれた時代、新羅は百済、高句麗を次々に滅ぼし三国統一を成し遂げている。百済、高句麗の亡命者が高官の多くを占める日本の朝廷にとって、新羅は恐怖の対象だった。強力な製鉄国家であり、豊富な金銀の所有国。新羅は、まさに天空のように「聳えている国」だったのである。

『記・紀・万葉』などが百済、高句麗の亡命者たちの手になるものであることは、新羅の国名の呼び方が「しらぎ」(「新羅城」の意)という百済側からの呼び方であることからも伺える。

「大和」にかかる枕詞とされる「そらみつ」(「蘇良美都」)の「そら」もこのソラ・ソッラで表される「新羅」のことである。

た【田】

タは、「地」の意の韓国古語。現代語ではタン(땅)だが、千字文を読むときはいまでもタと発音されている。中央アジアのシルクロード沿いにはアフガニスタン・ウズベキスタン・パキスタン・トルキスタンなど「タン」の付く国が沢山あるが、「……の地」の意で韓国語のタンと全く同じである。

たき【滝】

ダンギは、「引く」「引き寄せる」の意の動詞ダンギダ(당기다)の語幹。現代語でもあり古語でもある。ダンギは古形の名詞でもあって、韓国の女性の髪に結ぶ装飾用の長いリボンを指した。

ダンギが、滝《たき》の意の日本語「たき」になった。滝は、上から下へ「引き寄せ」られるように落ちるものであり、その様子が長く美しいダンギのように見えたのでダンギと呼ばれた。ダンの語末音が消滅、濁音は清音化して「たき」となった。ダンギの現代語はデンギ(댕기)である。

たけ【嶽・岳】

「嶽」の韓国式古訓はダゲ。「高く迫ってくるもの」の意、つまり「嶽」である。この嶽・峰の意のダゲが「嶽《たけ》」の語源。

「高」という漢字を日本訓よみで「たか」とよませているのもこのためである。

たに【谷】

古代韓国語で「谷」はドゥン。ドゥンとよまれる漢字「屯」で表記されていた。

ドゥンは母音をつけて二音節に発音され、ドゥニとも呼ばれていた。このドゥはダに近い音で、これが清音化して「たに」になった。

岡山県と鳥取県の県境にある谷田峠は、「たんだ」峠と呼ばれている。

ドゥン・ドゥニには、「廻《めぐ》り」「裾《すそ》」などの意味もある。

たんぼ【田んぼ】

「たん」は「地」（땅）の意。「ぼ」は「堰《せき》」の意の韓国語ボ（보）。「たんぼ」とは「地を堰でめぐらしたもの」を表す言葉。

つ【津】

「船着き場」「渡船場」つまり「港」を指す。

「入る」の意の動詞ドゥルダ（들다）の語幹ドゥル。

「港」は「（船が）入る」ところなので「入る」の意でドゥルと呼ばれた。韓国語のd音は日本語のts音になるのでドゥは、「つ」と呼ばれるようになった。敦賀《つるが》（石川県）の「つる」もこの「入る」の意のドゥルである。

つき【月】

月は位相を変えながらひと月周期で回ってくるので「回りくるもの（こと）」の意でドルギ（돌기）・ドルグと呼ばれた。古語ではドギ・ドグ。

吏読表記は「都祈《ドギ》」。これが日本に来て「つき」となった。万葉仮名では「都紀」「都奇」などと表記された。

ドグは古代東国方言の「つく」になっている。

現代韓国語の「月」はダル（古語はダラだった）。これも「回るもの（こと）」の意である。

つゆ【露】

露は、大気中に含まれる水蒸気が液化して、植物の葉や建物の外壁などで水滴となったもの。はかなく消えやすいものの比喩として用いられてきた。

露《つゆ》の語源は「潰《つ》ゆ」。「ついえる」の古語で「つぶれてすっかりだめになる」「崩れる」「なくなる」の意。さらにこの「潰ゆ（ついえる）」の語源は「崩れる」「もつれる」の意の古代韓国語チュイ。現代語ではチイダ（치이다）。

チュイが「潰ゆ」になり「潰ゆるもの」の意で「つ

ゆ」とよばれ日本語「露《つゆ》」が誕生した。

つゆ【梅雨】

「池あふれ」の意の古代韓国語ドッ・ヲルが「つゆ」になった。ドッは「あふれる」。ヲルは「池」「泉」。ドッが「つ」に。ヲルが「ゆ」になった。

ヲルの原義は「泉」で、「井《ゐ》」「湯《ゆ》」にもなっている。これを「梅雨」と表記したのは、この時期が「梅の実のみのるころ」だからである。

つらら【氷柱】

「列列」を表すジュルジュル。現代韓国語の列《れつ》を数える語、または文字などの行数《ぎょうすう》を数える語にジュル（줄）がある。ジュルの古音はジュラ。複数の「列列」を表すジュルジュルはジュラジュラと発音されていた。これが「つらつら」に転音した。「つらつら」は「つらら」とも略称された。

とうげ【峠】

「山道をのぼりつめて、下りにかかる所」「山の上り下りの境目」「物事の勢いの最も盛んな時」「絶頂」も表す。

「峠《とうげ》」の意の古代韓国語トゲ。漢字「峠」は国字。韓国では「峴」の文字が使われ、コゲ（고개）と呼ばれている。

なぎ【凪】

「なぎ」は「なぐこと・風が穏やかになること」。「柔らかい・穏やかだ・和やかだ」の意の「にき（和・熟）」の語源ヌクダ（눅다）と同じである。ヌクが日本語の「にき」にも「なぎ」にもなった。

なみ【波】

古代韓国語ネミ。波（浪）は、海や川、湖の岸に向かい押し出てくる（押し寄せてくる）ので、「突き出る」「押し出す」の意でネミと呼ばれた。現代語の動詞はネミルダ（내밀다）。

ぬま【沼】

「沼の間」の意のヌプマから「ぬま」になった。ヌプ（늪）は「沼」、マは「間《ま》」である。「間《ま》」は「物と物の間」「空間」を意味する言葉で、古語では日

本語も韓国語もまったく同じだった。

の【野】

ノは「野」を意味する高句麗言葉。韓国式音よみでノとよまれる「奴」という漢字に当てて表記されてきた。

日本語の「野《の》」と高句麗語のノは完全に同音同義語である。

はた・はたけ【畑】

「平らな所」を指すバダㇰ（바닥）の古音バダケが「はたけ」になった。バダㇰの語末音が消滅したものが「はた」。

はま【浜】

「外の間」のバッツマ。バッ（밖）は「外」、マは「物と物の間」「空間」の意。浜は「海と陸地の間にある空間」である。

はやし【林】

「伐《き》れ」の意のバヤジから日本語「はやし」が生まれた。

『出雲風土記』に「波夜志」という表記が見える。林は「伐るためのもの」を意味した。

「はやす」を「切る」こととして使用する地域は、全国に広がっている。（『全国方言辞典』東條操編東京堂出版）

はら【原】

「原」の意の古語バㇽ（bal）。現代語はボヲル（벌）。バㇽの語末音が独立して「はら」になった。

九州では現在も「原」は田原坂《たばるざか》・西都原《さいとばる》・前原《まえばる》などのように「ばる」と呼ばれている。

ひ【日・陽】

「光」「光線」「色」を表す韓国語ビッ（빛）。古形はビ・ビシ。これが日本語の「日」「陽」になった。万葉仮名では「比」と表記された。光は「線」であらわされた。

韓国語の太陽へ（hae）は「陽射し」の意のビョッ（볕）の古語ベ・ベシから生まれた。ベ・ベシは

ボ・ボシともいわれ、日本語の「乾《ほ》・乾《ほ》し」になった。「陽射し」イコール「乾し」なのである。

ひ【火】

火の韓国語ブㇽ（불）の古音はブㇽ（bwl）。日本の上代東国方言「ふ（火）」はこれから生まれた。ブㇽは「ひ」と呼ばれるようになった地方もあった。東国に「ふ」が残ったのは主に、新羅・高句麗系の製鉄集団が進出していたからである。

『国語大辞典』（小学館）によると「火」の意で「ふ」と呼んでいるのは島根県仁多郡。「ぶ」と呼んでいるのは奈良県南大和。「炎」「灯火」の意（幼児語）では香川県である。

ひ【氷】

漢字「氷」の韓国式音読みビンの語末音がとれたもの。

『学研漢和大字典』には氷室《ひむろ》（氷の貯蔵庫）・氷魚《ひお》（鮎の稚魚）・氷雨《ひさめ》（①あられ・ひょう②冷たい雨）が載っている。

ひがた【干潟】

「潮が引いてあらわれた浜辺」の意のビガタ。ビは「空《から》である」「空《あ》いている」「空《うつ》ろだ」などの意の韓国語ビダ（비다）の語幹または名詞形。ガは「端」、タは「地」。

ひさめ【大雨】

現在は「氷雨」と書き、「冷たい雨」のことだが、上代では「大雨」のこと。

韓国古語ビジャメから「ひさめ」になった。ビ（비）は「雨」。ジャは「細《こま》かい」「細《ほそ》い」「小《ちい》さい」。現代語ジャㇽダ（잘다）の語幹に当たる。メは百済系の「水」。

ジャメは「細《ほそ》い水」「細かい水」で「雨」のこと。ビも「雨」だから、ビジャメは「雨・雨」という複合語になり、「大雨」「どしゃぶり」という言葉になる。

ふぶき【吹雪】

降雪中の雪や積雪した雪が、強い風によって空中に舞い上げられて、視界が損なわれている気象状態。降雪がない場合には地吹雪《じふぶき》と呼ばれる。

「雨・雪が降り注ぐ・降りかかる」のポヲブッタ(퍼붓다)の名詞形ポヲブッキ。最初は「雨・雪」を表したが、しだいに雪だけを指すようになった。

ほし【星】

「点」または「点のように小さい」の意の新羅系の韓国語ボッ。語末音が母音のイに重なり、ボシとも発音された。ボシが「星《ほし》」を表す言葉になった。「星」は夜空の「小さな点」である。韓国では現在、キムチなどを盛る小さい器をボシギ(보시기)という。ギは「器」の意。

新羅から製鉄技術が伝わった島根県の奥出雲地方では、砂鉄を少し足してやる時に「チョンボシ入れる」と言っており、島根の方言でも「少し」の意でチョンボシを使っている。

み【海】

「海」の日本式古訓「み」は韓国式古訓でもある。『三国史記』に「買」(メ)「彌」(ミ)と吏読表記されている。「海」「水」はメともミとも呼ばれていた。主に百済・高句麗系の言葉だった。

みず【水】

「水」の意の高句麗語ミ・ミルは、「み」「みず(古音「みづ」)」になった。ミルの語末音「ル」が消され「み」になる一方で、語末音「ル」がツ・チに転音して「みつ→みづ→みず」と成り変わってきたのである。

ミルは「押す」「進む」も意味した。動詞ミルダ(밀다)は、現代語でも「押す」「進ませる」の意。従って「水《みず》」の語源も「水」「押し進む」の意の韓国語ミルなのである。

みぞれ【霙】

雨と雪が混ざって降る気象現象。雨が雪に変わるときや、その逆のときによく見られる。みぞれは気象観測の分類上は、雪と同じ扱いとして記録される。

「水列来る」の意のミジュルオレが「みぞれ」の語源。ミは「水」、ジュルは「列」、オレは「来る」。ジュルオレを続けて発音するとほとんどジョレに聞こえる。

「みぞれ」は「雨と雪の中間」の状態なので、落ちてくる水が列をなしているように見える。その状態を表した言葉である。

みち【道】

「水路」の意のミジル。ミは「水」、ジルは「道」の意の古語であり、現在の方言。現代韓国語で「道」はギル（길）だが、方言ではほとんど全国でジルと呼ばれている。

「山路《やまじ》」「家路《いえじ》」の「路《じ》」の語源がこのジルの語末音の消えたものである、

古代から近世に至るまで、最も容易な道が水路であった。

みね【嶺・峰】

山の高い所。みね。尾根。

「水出し」の意のミネ。ミは「水」、ネ（내）は「出し」。嶺をミネ（水出し）と呼んだのは、分水嶺から水が発して川になっているからである。

もや【靄】

空気中に小さい水滴や吸湿性の粒子などが浮遊し、遠方のものが灰色にかすんで見える状態。霧より薄く、日本式の分類では視程が一キロメートル未満のものが霧、一キロ以上十キロ未満のものが靄である。

「集め」の意のモヤ。靄は小さい水蒸気の粒が集まったものなので「集め」と呼ばれた。現代語で「集まる」はモイダ（모이다）。

もり【森】

1 樹木がこんもりと生い茂った所　2 神社がある神域の木立。

古代韓国語のモルリ。「（一方に片寄って）集中する」ことを意味した。森は、岡や村はずれなど樹木が一所にかたまって群生する地帯なので「集中」

の意でモルリと呼ばれ、これが「もり」に転じた。「集中する」の現代韓国語はモルリダ（몰리다）。

やま【山】

イヤメェから「やま」になった。イヤは「つながる」「続く」「引きつづく」の意。現代語はイヲ（이어）。メェは「山」。ヤマは「つづくやま」「山脈」「連峯」のことになる。

ゆうづつ【太白・金星・ゆふづつ】

宵《よい》の明星《みょうじょう》。中国では、古くは、宵の明星と暁《あけ》の明星とを別々の星と考えており、明けの明星を「啓《けい》明《めい》」、宵の明星を「長庚《ちょうこう》」、と呼び分けていた。「太白」は金星そのものの他に、宵の明星＝「長庚」を指す。

「宵聳え《よいそび》」の意のヨフ・ドチュ。

ヨフは「宵」「夕方」の「夕《ゆう》」を表す言葉で「別れ」の意。夕方は「陽」が落ちるので「別れ」の意でヨフと呼ばれた。

宵の明星こと金星は、夕方の空に輝く星である、

ゆき【雪】

「凍《こお》ること」の意のヲルギ（얼기）。

ヲルが「ゆ」になり、ギが「き」になって、「ゆき」が生まれた。雪は水分が凍った結晶体である。ヲルダ（얼다）は、現代でも「凍る」を表す語。

ゆら【湯羅・由良】

温泉の古語。「泉」の意の古代韓国語ヲル。eo音は、「や」「ゆ」「よ」「を」などと発音していた。

湯《ゆ》・百合《ゆり》・ゆら（温泉を指す語）の「ゆ」、「井戸」の「い（ゐ）」「大蛇《をろち》」の「を」などはすべてこの泉のヲルから生まれた言葉である。

わた・わだ【海】

韓国語バダ（바다）は、「海」のこと。古語ではバラ・バラル・バララとも呼ばれ、中世にはバラルが使われていたが現代語はバダである。これが「わた」になった。韓国語のb音は日本語のw・h・a音になる（変転の法則その六）のでバは「わ」になった。バダ・バラルの原義は「一直線に張った

筋模様」。海は「一直線に張った筋模様」で表される波で象徴される。

わたつみ【海水】

「海の水」の意のバダチミ・バダツムル。バダは「海」。チ・ツは「…の」。ミ・ムルは「水」。『古語大辞典』(小学館)に「海《わた》つ霊《み》」とされているが「海の水」のことである。

ゐ【井】

「泉」の意の古語ヲル。古代において「泉」は権力の源だった。稲作も製鉄も「泉」なくしては成り立たない。

ますらお

益荒男・丈夫・立派な男。「麻須等六」「麻須等乎(男)」などと表記された。

「麻須等六」はマッソラム、「麻須等乎(男)」はマッソラオとよまれる。「相対せよ」の意の命令形の動詞。現代語ではマッソラオ(맞서라오)。

マッソは「対立する」「張り合う」「歯向かいあう」の意の動詞マッソダ(맞서다)の語幹。ラオまたはラムは「……せよ」の意の終結語尾。外敵に当たるという意味の言葉なので、外見上の体格よりも、内面的な強さを込めて用いるほうが原意に近い。「物事にまっすぐ立ち向かう人」ということで「女性の中の信念のある人」を指す使い方は原義にそっているといえる。

マッ(맞)は「ある語の前について、相対することを表す語・相」。マッボル(맞볼)といえば「相対して見つめる」ことを表す。これが日本語「守《まも》る」の語源。「守る」ためには、向かい合って見つめなければならない。

飲んでトラになる

酒を飲んでひどく酔うことを「虎になる」という。

動物のトラの語源は「回るもの」「回ること」の意の古代韓国語ドル・イまたはドル・ア（ドリ・ドラと発音）。虎は自分の領域をぐるぐる回り歩き、巡視して守る習性を持つ動物なのでこうよばれた。

「回るもの」「回ること」の意の動詞ドルダ（돌다）には「気が触れる」「頭が変になる」の意もある。

酒を飲んで酔うと目も回るし、訳が分からなくなく（気が触れたように）なったり、という状況になるのでこれを「ドラになる」といった。「とら」と訓よみされた漢字「虎」をあてて表現したものである。

どら猫の「どら」も同じ「回るもの」「回ること」の意のドリ・ドラ。どら猫は、「うろつき回る猫」のことで、本来「どら」には「悪い」意味はなかった。猫も、自分の縄張りを巡回する動物である。

「怠け者で放蕩をする息子」のことをどら息子という。この「どら」も同じ。「回る息子」「ほっつき回っていて、ろくに家に帰ってこない息子」が「どら息子」である。

猫といえば「のら猫」もいる。この「のら」は「遊ぶ」の意の動詞ノルダ（놀다）の名詞形ノラ（遊ぶもの）。飼い主がなくてさまよい歩く猫がのら猫。「野良猫」とも書かれるが「野良」は当て字。

飼い主のいない犬はのら犬。街中をうろついて食べ物を捜す。のら猫の「のら」と同じ「遊ぶもの」のノラである。犬も「野良」（野原・田畑）では生きていけない。

犬には猫族のような「回る」習性がないので「ドラ（回る）犬」とは呼ばれない。

どら息子の「どら」は「なまけること、放蕩することを意味する『のら』が強調された言葉」とする説があるが「どら」と「のら」は違う言葉である。

数詞（李寧熙解読）

日本の数詞は高句麗語だった。

高句麗は、韓国の正史書『三国史記』（金富軾著・一一四五年編纂）によれば、紀元前三七年、今の中国北東部に興《おこ》り、六六八年に滅びた古代国家。全盛期の領土は、かつての満州と、韓半島中部地方をも含む広大な地にまたがり、華麗な文化を誇った。

日本と高句麗の数詞が一部対応するということは、日韓の学者によって度々指摘されてきた。『三国史記』雑志地理編に掲載された「三・五・七・十」がよく似ているというのである。

ひ・ふ・み……という日本語の和風数詞は、高句麗の数詞から生まれている。

高句麗の数詞は自然発生的に生じたというより、支配者層によって意図的に巧みに創案された節がうかがえる。国民を効率的に支配するためには、まず数を教える必要があった。

「李寧熙後援会」会報『まなほ』第六号（二〇〇〇年五月発行）に掲載されたものを要約して掲載する。

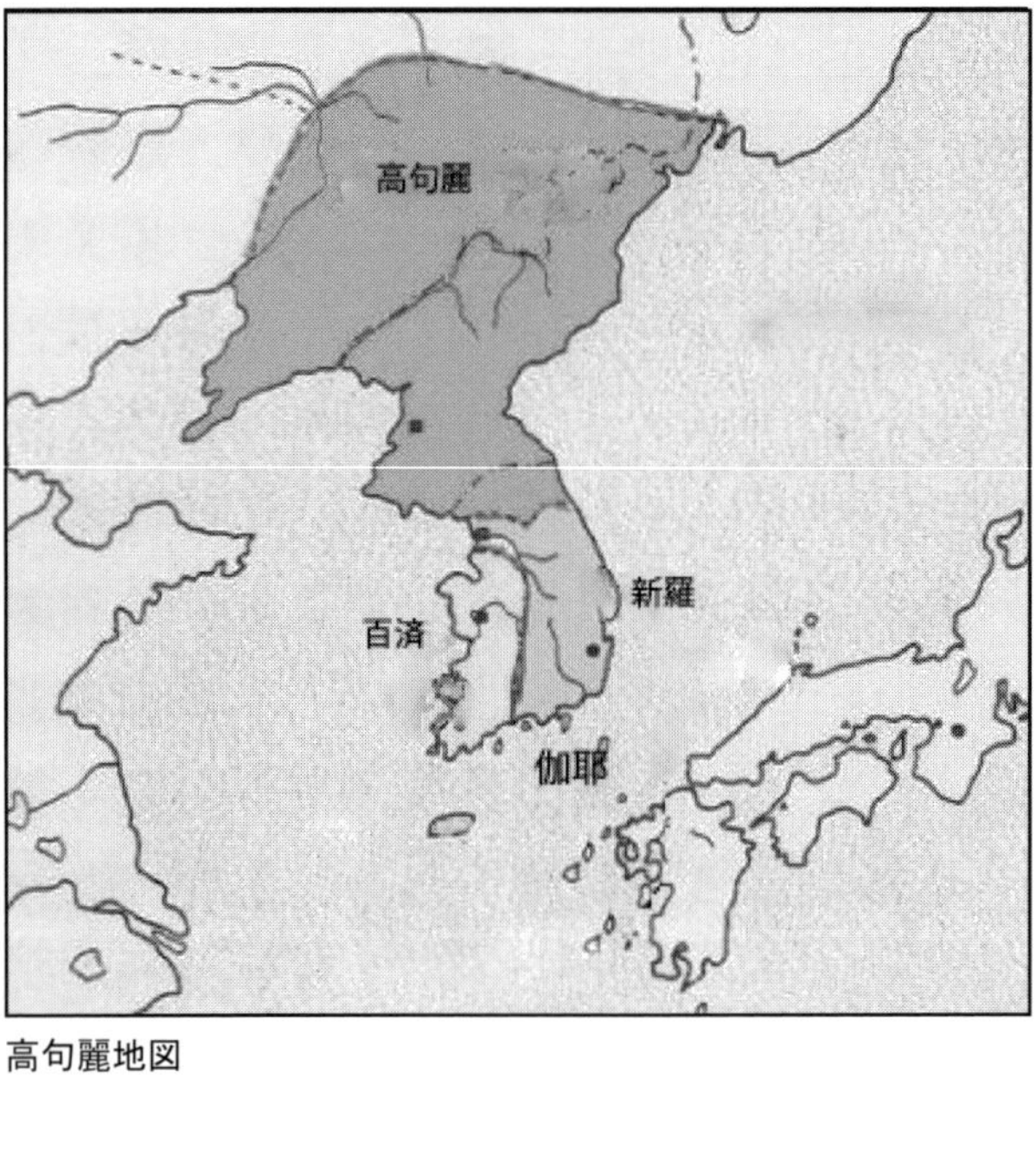

高句麗地図

▼ひ・ひと・ひとつ（一）

『学研漢和大字典』（学習研究社・以下『学研漢和』とする）の「解字」によると、「一」は、一本の横線でひとつを示す指事文字で、「ひとまとめにする」「いっぱいに詰める」などの意を含むという。

古代韓国語でビは「一直線」のこと。原音はビッ。「光」「光線」を意味した。光線は一直線に射すので「光線」と「一直線」は同語にされた。現代韓国語でも「光」「光線」「色」はビッ（빛）と呼ばれている。

ビッの語末音「ッ」が消えるとビになり、「ッ」がもう一つの音に独立するとビト・ビタ・ビトゥなどになる（変転の法則その一）。さらに韓国語の濁音は語頭では清音になる（李寧熙の変転の法則その二）ので、ビは「ひ」になる。

「一」を表す高句麗語ビッは、このような音転のプロセスを経て、「一」を表す日本語「ひ」「ひと」になった。「一」を表す語に「ひ」と「ひと」の二つがあるのは、ビッの語末音「ッ」が消滅した場合と、もう一音に伸びたケースがあったからである。

「ひとつ」の「つ」は「指定された多くの物のうちの一つ」「分」「物」を指す韓国語チ（치）の古語チュが日本語化したものである。

▼ふ・ふた・ふたつ（二）

「二」を示す「ふ」「ふた」にも意味がある。「付着」「くっついているもの（こと）」の意である。韓国語でブッ。動詞ブッタ（붙다）の語幹である。

漢字の「二」は、二本の横線を並べたさまを示す指示文字で、二つの物がくっつく状態を表す（『学研漢和』）。

韓国語のb音・p音は、日本にくるとf音やh音に変わる（変転の法則その六）。また語末音は消える（「変転の法則」その一―①）か、母音を伴い伸びてもう一つの音に独立する（「変転の法則」その一―②)。したがって、ブッは「ふ」になるか、「ふた」「ふと」などになる。

この「ふた」の原音ブタが「蓋《ふた》」の語源である。容器や箱などの口や穴を覆う蓋は、それらの口や穴にぴったりくっついているもので、くっついていなければ蓋の役は成り立たない。「くっついているもの」の意で「蓋」はブタと呼ばれたのである。

ブッには「肉がつく」「太る」意もある。動物の「豚《ぶた》」も、野生の猪を太らせる目的で家畜化したので「肉がつく」「太る」意でブタと呼ばれた。

▼み・みつ(三)

「三」の高句麗語はミル。ミルは「三」であると同時に、「水」「押す」「進む」も意味した。動詞ミルダ(밀다)は、現代語でも「押す」「進ませる」の意。

三本の横線を示す「三」という漢字は、「川」つまり「水の流れ」を表す。水の流れは「押し進む」ものなので、「三=水=押し進む」という複合義を持つ言葉ができあがった。

「水」の意の高句麗語ミルは、「み」「みず(古音「みづ」)となった。ミルの語末音「ル」が消されて「み」になる一方で、語末音「ル」がツやチに転音し、「みつ→みづ→みず」と成り変わってきたのである。従って「水《みず》」の語源も「水」「押し進む」の意の韓国語ミルなのである。

▼よ・よつ(四)

「四」は「口《くち》」と「八」(「左右に分かれる」の意)の会意文字で、口から出た息がばらばらに分かれることを表す(『学研漢和』)。

高句麗人は、この「四」を「泉」の意でヲルと呼んで、「於乙」と吏読表記した。泉は、水の底から噴き出し、その水柱がばらばらに分かれるさまそのものだからである。

しかし、いわゆる乙類に属する音のヲと語末音が重なるヲルの発音は難しかった。ヲルは、「ゆ」

「ゆら」「ゆり」「ゆる」「ゐ（い）」「よ」などさまざまな「や」行音に転音された。

「ゆり」は「百合《ゆり》」という名詞を生んだ。百合の姿が泉の噴水に似ていたからである。

「ゆら」は温泉地を示す「湯羅《ゆら》」「由良《ゆら》」に、「ゆらゆら」は「湯の揺れ動くさま」になった。

「ゆる」は、ぐらぐら煮立つ湯のように「震《ふる》え動くさま」を表す古語「揺《ゆ》る」に、「ゆ」は「湯《ゆ》」を表した。「をろ」は「大蛇《をろち》」の「をろ」になった。一方、「ゐ（い）」は「井戸（ゐど）」の「ゐ（い）」に、そして「よ」は「四」となった。

▼い・いつ（五）

『三国史記』によれば、「五」は「于次」と呼ばれた。「于次」は吏読表記でウチャとよまれる。『学研漢和』の「解字」によると、「五」の古字は、「上下二線」に「×」を合わせた指事文字である。

ウチャとは、「上が一杯になる」つまり「充満」を示す語。ウは「上」の意の古語。チャダ（차다）は「満ちる」「一杯になる」の意。現代語でもある。

この「充満」の意のウチャが「五《いつ》」という日本語になった。

「一」から「五」までを数えると、片手は一杯になる。この状態を示したのが「五」という数字なのである。

▼む・むつ（六）

「六」は、「おおいをした穴」を描いた象形文字。『学研漢和』は、「一説に、高い土盛りの形で、『陸』（高い丘）の異体字ともされている」としている。

「六《むつ》」の語源はムッで、「陸」の意の韓国語である。古代はムトゥと二音節に発音していた。これが、「六《むつ》」「陸奥《むつ》」になった。韓国語のt音・d音は、日本に来るとts音かch音に変わる（変転の法則その五）。

陸奥は今の青森県と岩手県北部を指称した旧国

名だが、長い本州の「陸の奥地」なので「陸」の意の古語を固有名詞としたと見做される。

「陸」の意の韓国語ムッ（뭍）は、「（物を）埋める」意のムッ（묻）に通じる。

「六」は、片手全部の五本の指と、もう一方の手の一本の指で表される。その一本を五本の指で「埋める」または「覆う」ような形になるのが「六」の状態なので、「埋める」「覆う」の意味でムッと呼んだ。

画数の少ない一、二、三などの漢数字は、改竄が容易なので、それを避けるため領収書や契約書などに使う字を大字《だいじ》と呼んでいる。壱・弐・参……などだが、「六」を「陸」と書くのも、元々「六」が「陸」の意味だったからである。

▼な・なな（七）

『三国史記』地理・高句麗篇に「今の七重県は難隠別とも呼ばれた」という記述がある。

現在の京畿道坡州《パジュ》。臨津江《イムジンガン》を隔てて北を望む、休戦地帯付近である。「難隠別」は「七重」という意味の古代韓国語であることが、この記録から明らかにされる。

漢字の音よみで「難隠」はナヌン。「別」はビョルとよめるが古音はベル。「七重」＝ナヌンベルの等式がここで浮かび上がる。日本語の「七」は「なな」「なぬ」、「重」は「へ」（現代音「え」）。

この高句麗系の古代韓国語がそっくり日本に移動した。

ナヌンは「分けた」、ナナは「分け」の意。ベルは「重ね」。語末音が消され、「ベ→へ→え」と転音した。臨津江は、韓半島中西部を南北に「分け」、幾重にも「重なり」あいながら、くねくね蛇行する長い川である。こうした地勢が地名に表現された。

漢字の「七」は、縦線を横線で切り止め、端を「切り捨てる」さまを示す指事文字。

また、二つに分配するとき、三と四になって、端数を切り捨てなければならないことから「（切り捨て）分けた」数ナヌンと呼ばれたのである。

▼や・やつ（八）

「八」は、左右二つに分けたさまを示す指事文字で、「別」（分ける）「撥」（左右にはらう）と同系の言葉だとされる（『学研漢和』）。

古代韓国語の動詞ヱェ（ye）には、「行く」の意味がある。「八」を「行く」の意でヱェとよんだのは、この数が左右二つに分かれて行くさまを表しているためである。

ヱェという古代韓国語は、「や」と発音された。『古語大辞典』（小学館）には「古く八は神秘的な力を持つ聖数と考えられていたらしく……単に八という数だけでなく、多数の意味でもあり、物をほめていう言葉でもあって神話の中でしきりに使用されている」と記されている。

別項「濊《ヱェ》について」（二十九ページから）に述べてあるが、古代韓国の先住部族の濊を日本では「八」「夜」「矢」などの漢字で表していた。従って、これらの字のつく神名や人名・地名には、濊と関連するものが多い。

▼ここの（九）

「十《とお》」までの他の数詞が、「ひ（ひと）」「ふ（ふた）」「み」「よ」「いつ」……などと一字か二字に過ぎないのに、「ここの」が三字もあるのは、単なる一名詞ではなく、文章の一部だからなのである。

「ここの」は、韓国語の「ゴヲゴヲ（それ）ノヲ（入れて）」と対応する。ゴヲゴヲの現代語はグゴヲツ（그것）。「それ」「あれ」の意。ノヲはノヲヲの略。動詞はノヲッタ（넣다）。「（中へ）入れる」「込（籠）める」「詰め込む」などを表す。

「ここの」の語源が韓国語のゴヲゴヲノヲであることを、漢字「九」の成立過程が裏付けてくれる。

『学研漢和』「九」項の「解字」によると、「九」は「手を曲げて引き締める姿を描いた象形文字で、つかえて曲がる意を示す」という。「転じて、一から九までの基数のうち、最後の引き締めにあたる九の数、また指折り数えて、両手で指を全部引き締めようとするときに出てくる九の数を示す」としている。

「全部」を表す場合、前段階でなすべきことは、今まで数えてきたものの総合決算である。

「それと、それと、それを入れて……全部」になる過程。

その最終段階の数を示す文字が「九」なので、「それ入れて」の意の古代韓国語ゴヲゴヲノヲが「九」を表す言葉とされたのである。この事実は「十《とお》」の語源が証明してくれる。

▼と・とお（十）

「十」は「全部を一本に集めて一単位とすることを縦線一本で示す指事文字。もともと、その縦線一本の中央がまるくふくれていたのが、のち十の字体になった。」（『学研漢和』）。

「十」には数の意の他に「すべて、まとまっているさま」「十分なさま」の意がある。

「全部」の意を表す現代韓国語はダ（다）。古音はダとドの中間音で、むしろド音に近かった。

『三国史記』地理・高句麗篇は、「十谷県は徳頓忽とも呼ばれる」と明記している。

「十=徳　谷=頓」の等式がここから生まれる。

「徳」は漢字の音よみでドヲクだが、吏読表記では、漢字の音よみから生じる語末音は消して用いることが多かった。「徳」はドヲとして使われたのである。「全部」の意の高句麗語は、現代語のような甲類に属する音（韓国語においては「陽音」という）のダではなく、乙類（韓国では「陰音」という）のドヲだったのである。

この「全部」「十」の意の高句麗語ドヲが、「十《とお》」になった。

「一《ひと》つ」から「九《ここの》つ」までの数詞にはすべて

「つ」（「指定された多くの物のうちの一つ」「分」「物」を指す韓国語チの古語チュ）を付けるが「十《とお》」に「つ」を付けないのは、「十」が「全部」を表す数詞で、「個々」を表すものではないからである。

百・千・萬の語源

▼百（もも）

高句麗の「百」「もも」。語源は「集合」の意のモオム。語末音の「ム」がもう一つの音に独立してモオモつまり「もも」となった。「集合」の意の現代韓国語はモウム（모음）・モイム（모임）。

モオムは、現代の韓国語では「身体」の意のモム（몸）にも転じた。体は百もの器官から集成されているので、このように名付けられたのである。

モオムは、モドウム・モドムとも呼ばれた。この「集合」の意のモドウム・モドムが、「元《もと》」「戻《もど》る」などの語源である。

▼ち（千）

「千」も、現在の韓国語では漢字の音よみチョン（천）だが、朝鮮王朝（日本では「李朝」と呼んでいる）時代まではジュムンだった。高句麗語のジュモン（チュモン）つまり「善射者（弓をよく射る者）」の意で、「最高位の人」つまり「王」を表す言葉。

「千」という漢字の原字は「人」と同形で「たぶん人の進むさまから進・晉（シン）の音をあらわし、その音を借りて一〇〇〇という数詞にあてた仮借字であろう」「人がどんどん進むさまをあらわした文字の上に一印を加え一千をあらわしたのが千という字形になった」と『学研漢和』は述べている。

「千」の数詞「ち」は韓国語の「神・王・父・男・男根」を表すチと同音・同義。また、韓国語

のチ（치）は「上にあがること」（『民衆エッセンス韓日辞典』）を表す古語であり、現代語でもある。

▼よろず（萬）

日本語「萬《よろず》」の古音は「よろづ」。『古語大辞典』（小学館）では、「①「万《まん》」の数。多くの数。②いろいろ。さまざま」などと記されている。

「萬」は現代韓国では漢字の音読でマン（만）と言われているが、かつてはヨヲロヲッという純韓国語風の数詞で呼ばれていた。ヨヲロヲッ（여러）は「多数」をあらわす韓国語。

ヨヲロヲが「よろ」になり、語末音「ッ」が、日本では「づ」というもうひとつの音に独立した。「ッ」は複数を示す語でもある。

単にヨヲロヲといえば、「多くの」「いろいろな」の意になる。

「いろいろ」という日本語の語源は、「いろいろ」の意の韓国語ヨヲロヲの重複語である。

▼高句麗の数詞の意味

「一《ビ》」から「十」までの、数詞から生じる語音を全部つなぐと一つの文章になる。

ビ（卑＝鮮卑国のこと）ブタ（から＝現代語ブトヲの古語）ミルヲル（押せ＝二つの語末音「ル」が連音、かつ省略され命令形「押せ」の意のミロヲとなる）　ウチャ（上の冷《つめ》たい）ムッ（大陸＝夫《プ》餘《ヨヲ》国のこと）　ナヌン（分けた）ヱエ（濊＝東濊国のこと）　ゴヲゴヲノヲ（それ、入れて）ドヲ（全部）。

【その大意】

西隣の鮮卑から先に押し出せ。上の方の（北方を指す）冷たい（寒い）大陸（夫餘国を指す）と、昔分かれた濊、それも加えて全部を高句麗が支配しよう。

高句麗人は、日に日に数を数えながら、ひたすら領土拡張を念願していたことになる。そして、その大望はかなった。

西は鮮卑。凶奴《きょうど》の流れを引く、勇猛な騎馬民族。

北は強大な夫餘国。夫餘のうちの一国から派生した高句麗にとって、ままならぬ手強《てごわ》い相手だった。

東は東濊《ドンヱエ》。かって濊は高句麗と同族で、言語や風俗も同じ。麻・木綿・絹などの織物も作っていたと『後漢書《ごかんじょ》』は記している。「分かれて半島の東に移住した」のが東濊なので、「分けた濊」という表現を用いたものと思われる。他ならぬこの東濊が、高句麗より一足先に日本へ渡って来た先住集団「八百萬《やほよろず》の神たち」である。

東濊は二世紀後半、夫餘は五世紀末、高句麗に併合された。また、鮮卑は四世紀中半、高句麗との激戦を経て衰退の道を辿った。

数詞に籠めた念願は叶い、大王国が出現したのである。

▼日本の数詞が高句麗語なのには理由がある

日本という呼称を最初に用いたのは天武天皇。「天皇」を称号とし、「日本」を国号とした最初の天皇とされている。

『日本書紀』によれば天智《てんじ》天皇の「弟」。舒明《じょめい》天皇と宝皇女（皇極・斉明天皇）との間に生まれたとされている。皇后は鸕野讃良皇女《うののさららのひめみこ》（天智皇女）こと後の持統《じとう》天皇。草壁《くさかべ》皇子・高市《たけち》皇子・大津《おほつ》皇子・舎人《とねり》親王・新田部《にひたべ》皇子・多紀《たき》皇女の父ということになっている。

天智の死後、六七二年に壬申の乱で大友皇子（弘文天皇）を倒し、その翌年に即位。日本の統治機構、宗教、歴史、文化の原型が作られた重要な時代を築いた。文化的には白鳳文化の時代。

律令制の導入に向けて制度改革を進め、飛鳥浄御原令の制定、新しい都（藤原京）の造営、『古事記』と『日本書紀』の編纂は、天武天皇が始め、死後に完成した事業……。

華々しい業績が語られるこの天武天皇の正体は、高句麗の宰相淵《ヨヲン》蓋《ゲ》蘇《ソ》文《ムン》。

「天智が百済王子翹岐《ヒョーギ》、天武は淵蓋蘇文」と最初に主張したのは、小林恵子《やすこ》氏（日本古代史）である。（「天武は高句麗から来た」『別冊文藝春秋』一九九〇年夏号）李寧熙女史はその後『万葉集』の新解読などからこれを証明した。

ここでは詳しく述べないが、淵蓋蘇文、日本名伊梨柯須弥《いりかすみ》の名前は、天武の和風諡号「天渟中《あめのぬな》原瀛《はらのおきの》真人《まひと》」とぴったり重なっている。天武のもう一つの顔と思われる綏靖《すいぜい》天皇の諡号「神渟名《かむぬな》川耳《かはみみ》」も「沼生まれの川水」「沼川水」「泉川水」という同じ意味の名前なのである。

一方、草壁皇子の子とされる文武は、実は天武の長男。文武の母は、金官伽耶の直系子孫金庾信《キムユシン》の妹宝姫《ボヒ》。文武は金春秋《キムチュンチュ》こと武烈王《ムヨヲルワン》と王妃文姫《ムンヒ》（宝姫の妹）の長男として組み込まれ、第三十代新羅王に即位した法敏という人物。金庾信と共に朝鮮半島を統一。統一新羅を実現させた。親唐クーデターを事前に察知、自らは死んだことにして日本に亡命。長男神文王を即位させ新羅を守る。文武は、父天武の皇后持統の後援を得て、文武天皇として即位。大宝律令を完成・施行した。天武の子とされる舎人皇子・多紀皇女は、持統と文武の間に生まれた。新田部皇子も文武の子である。

日本は、この天武・文武父子によって律令国家としての歩みを始めた。

天武が淵蓋蘇文である証拠の一つが『日本書紀』に記された淵蓋蘇文の遺言である。

天智天皇三年冬十月。

是の月に、高麗の大臣蓋金（淵蓋蘇文）が其の国（高句麗）で死んだ。子供達に遺言していうには、「お前達兄弟は、魚と水のように和合して、爵位を争ってはならない。さもなければ必ず隣国に笑われるであろう」と。……

天智三年は六六四年。母親の違う三人の兄弟に

「仲良く」と遺言したが、結局この三兄弟は唐に操られて争い、六六八年、高句麗は滅亡する。

いくら国王より強い実権を握っていたとしても、本国の史書『三国史記』「高句麗本紀」にさえない淵蓋蘇文の遺言が、他国の正史書である『日本書紀』に載せられているのは異常ではないか。しかし、『日本書紀』は天武の執権の正当性をうたう史書である。淵蓋蘇文が天武であるとすれば、その遺言は当然記されてしかるべきである。

あげまき（揚巻）

総角とも書く。昔の子供の髪型の一種。頭髪を中央から二分し、耳の上で輪の形に束ね、二本の角のように結ったもの。また、その髪形の少年。角髪《つのがみ》。

「毛の先を巻くこと」の意の古代韓国語アゲマルギが語源。アは「端」、ゲは「毛」、マルギは「巻き」。「総角」は韓国語でチョンガクと発音する。少年の髪型の名前「総角」が未婚男性を指す名詞となっている。日本語で独身の男性をチョンガーというが、韓国語がそのまま使われているものである。

『源氏物語』の第四七帖が「総角《あげまき》」巻。宇治十帖の一。巻名は光源氏の息子（実は柏木と源氏の妻女三宮の子）薫《かほる》が、宇治八宮の一周忌法要に事寄せて大君に詠んだ和歌「あげまきに　長き契りをむすびこめ　おなじところに　よりもあはなむ」（あなたが縒り結んでいる総角結びのように、あなたと私が長く寄り添えるようになりたいものだ）に因む。この巻で大君は亡くなり、薫は悲嘆に暮れる。

力を合わせるときの掛け声「せえの」は韓国語の「三、四」

日本では和語の数詞（ひとつ、ふたつ、みっつ、…）と、漢字とともに中国から持ち込まれ日本語化した漢語の数詞（いち、に、さん、…）の二つの系列の数詞が併用されている。

このような固有語と漢語の数詞の併用という現象は、韓国語やベトナム語にも見られる。韓国語では日本語よりも広く、99まで固有語の数詞が普通に用いられ、特に時刻の表現では「何時何分」の「時」の前には固有語系の、「分」の前には漢語系の数詞が用いられる。

固有語の数詞はハナ（一）・トゥル（二）・セッ（三）・ネッ（四）・タソッ（五）・ヨソッ（六）・イルゴップ（七）・ヨドル（八）・アホップ（九）・ヨル（十）……。このうちのハナとセッ・ネッが日本語になっている。

まず一つは「最初から」を意味する「はなっから」の「はな」。七年ごとに行われる長野県諏訪の御柱祭りでは「木落とし」の際、先頭で丸太にまたがって綱を握ることを「ハナを取る」と言っている。

皆が同時に動作を起こす場合に、その始まりの合図に発する掛け声「せえの」は、セッ（三）・ネッ（四）。

「せえの」の語源は、フランス語の hisser [ise]（引き上げる）という説がある。〈明治政府が軍隊を作った時、海軍はフランスを真似た。帆船の帆を張るとき、「イセー、イセー」と言いながらロープを引っ張ったので、それを海軍用語として取り入れた。「イセー→イッセー→いっせーの→せーの」と変わった〉というもの。だが、海軍用語は厳格に管理されていたはずなので、イセーがせーのに変わったとは考えられない。

リーダーが「一二」と掛け声をかけ、続く一隊が「三四」と唱和する姿は普通に見られる光景だ。力を合わせると「せー」と引っ張る形になる。「せえの（セッネッ）」は今の韓国でも日常的に使われている。

月の異称（李寧煕解読）

月の異称は「労働カレンダー」

一月は睦月《むつき》、二月如月《きさらぎ》、三月弥生《やよい》、四月は卯月《うづき》……。旧暦での月の日本風の呼び名を和風月名などと呼ぶ。いわゆる月の異称である。

これは実は、「労働カレンダー用」の実務名なのである。

水田耕作は時候に左右されるので、農民は季節の移り変わりに敏感にならざるを得ない。一月のいつは何をする、二月のいつは、何をしておかねばならない、三月は……と、農民は労働カレンダーを細密に作成した。その年中作業の骨組みにあたるものが月の異称である。

二〇〇〇年六月、石川県加茂遺跡から出土した一枚の木簡、後に「加賀牓示札《ぼうじふだ》」と名付けられたこの板には、平安時代前期の御触書が記されていた。「路頭牓示せよ」と記され、道ばたに掲示するためのものであった。この中に「午前四時頃から午後八時頃まで働け」「五月三十日前に田植えを終わらせるように」といった主に農業に関わる八条の禁令が記されている。


一つ、田夫、朝は寅の時を以て田に下り、夕は戌の時を以て私に還るの状。

一つ、田夫、意に任せて魚酒を喫ふを禁制するの状。

一つ、溝堰を労作せざる百姓を禁断するの状。

一つ、五月、卅日前を以て、田植えを竟るを申すべきの状。

一つ、村邑の内にかくれひそみて諸人(逃亡者)となると、疑わる人を探し捕ふべきの状。

一つ、桑原なくして、蚕を養ふ百姓を禁制すべきの状。

一つ、里邑の内にてことさらに、酒を喰らひ酔ひ、戯逸に及ぶ百姓を禁制すべきの状。
一つ、農業を慎勤すべきの状。

以上の八箇条は律令政府から来た命令。その後に加賀国の命令が続く。

「農業を勧催すること」という法律があるのに百姓が勝手に遊んで耕作をせず、酒魚を喰らって暴れ回る。種まきの時期を過ぎてしまって、「よく実りませんでした」という。ただ疲弊するだけでなく飢饉の苦労もある。「人々が働かないのは郡の役人が上手く治めていないからだ。命令を口で伝え、人々が農業にいそしむようにしなさい」

この後は加賀郡の命令が付け足されている。

役人は村ごとに命令の趣旨を諭すこと。道ばたに牓示すべきこと。

命令を出した役人の名前・日付・命令を受け取った役人の名前も記されている。（漢字などは一部簡略にした）

「国」が田植えの期日まで指定していた。田植えの時期が遅れると収穫に直結し、税収に大きな影響がある。

「労働カレンダー」は役人にとっても必需品であった。

「月」の語源

「月《つき》」は万葉仮名で「都奇」「都紀」などと表記されていた。語源は、「回り来るもの」の意のドルギ（돌기）の古音ドギ。

このドギが日本に来て「つき」になった。韓国語のd音は日本語になる過程でts音に変音する（変転の法則その五）。

月は、新月から上弦の月、満月、下弦の月へと位相を変えながら、ひと月周期で回ってくる天体である。

現在の韓国語で「月」は、ダル（달）だが、古代語はダラだった。これも「回るもの（こと）」の意。その一方、古代韓国で「月」はドギ・ドグとも称された。「月」は地方によって、ダラともドギ・

ドグとも呼ばれていたのである。

このうちドグは上代の日本に渡って「つく」になった。「つく」は月《つき》の上代東国方言である。

めぐり来る月の位相で時を計った上代人は、月の周期を農耕作業の単位とした。月の異称はここから始まっている。

旧暦では四季は春（一月・二月・三月）、夏（四月・五月・六月）、秋（七月・八月・九月）、冬（十月・十一月・十二月）に区分されている。この「春夏秋冬」の語源を最初に紹介しよう。

▼春《はる》

上代の日本語で「春」は「ぱる」と呼ばれ「波流」と表記されていた。これを韓国式漢字の音よみでよむとパリュで「ぱる」の酷似音になる。

「春《はる》」は「原《はら》」または「張《は》る」「広《ひろ》げる」「正しくする」の意の古代韓国語バル(bal-u)から生まれた言葉である。現代語で「原」はボヲル（벌）、「広げる」はボヲルリダ（벌리다）またはバルリダ（발리다）。「正しくする」はバルダ（바르다）である。

春は、農耕作業を「野原」に「広げる」時であり、草木が元来の姿に「正しく」戻る時。

このように、複合的な意味の言葉「ぱる」が、「春」という季節を表す日本語になった。

▼夏《なつ》

「低い」の意のナジュという古代韓国語が「なつ」の語源。現代語ではナッタ(낮다)。

夏は、一年を通して太陽が一番「低く」なる暑い季節なので、ナジュと呼ばれた。夏はまた、穀物の実る時なので、穀物の意のナッ(nad)ともされた。

五行説により一年を朝昼夜に分けると、火にあたる夏は昼にあたることから「昼」の意でナッ（ナヂと発音）ともされていた。

▼秋《あき》

「子供」「赤子」の意のアギ（아기）。日本の古代文学に現われる「秋」はほとんど「子」を指す。秋はみのりを取り入れる時で、そのみのりは、すべて「子」である。稲は籾《もみ》の子であり、栗は栗の木の子である。「みのり」の季節の意味から「秋《あき》」という言葉が生まれた。

▼冬《ふゆ》

語源はベヨ（be-yo）。「孕《はら》む」の意。冬は万葉仮名で「布由」と表記された。「布」は、古代から今日までベとよまれてきて変わっていない。

「由」の音よみはユ（yu）。ベヨのヨ音は正しくはユとヨの中間音なので、ベヨとベユは同音といえる。「布由」と表記してベヨとよんでいたものを、「ふゆ」とよんで「冬」という言葉が生まれた。

睦月（むつき）

ムッドギで「埋《う》め月」のこと。

「埋める」の韓国語ムッダ（묻다）は、古語の場合、語幹ムッに母音ウを付けて名詞化しムドウと発音した。「埋蔵」の意である。

陰暦の一月は、作物を埋蔵して、保存・管理する時である。むろなどに蓄えて置くのも「埋蔵の原理」による。

「埋蔵の月」の意で一月は「埋め月」つまりムッドギと呼ばれた。これが「むつつき」に転音して「むつ（む）」と訓《よ》まれる漢字「睦」を当てて「睦月」と表記してきた。

「睦」という漢字があてられたことから〈「むつき」は「正月に親しい者が集まり睦み合うという事から睦び月とされた〉というのが従来説になっている。

李寧煕《イヨンヒ》の変転の法則

変転の法則その一
①韓国語の語末音は消される ②韓国語の語末音はもう一つの音にのびる

変転の法則その二
韓国語の濁音は ①語頭では清音になり、②語中では濁音を維持する

変転の法則その三
韓国語の母音は日本では大幅に略される

変転の法則その四
韓国語の子音 j 音は日本では s 音になる

変転の法則その五
韓国語の子音 d ・ t 音は日本語の ts（つ）・ z （ず）音になる

変転の法則その六
韓国語の b ・ p 音は日本に来ると h ・ w ・ a 音になる
① b 音が h 音になる ② p 音が h 音になる ③ b 音が w ・ a 音になる

変転の法則その七
韓国語の① o ② eo などア行音の一部は日本に来ると g ・ k 音になる

変転の法則その八
韓国語の語末音 ng 音は日本に来ると u （う）・ i （い）音になる

変転の法則その九
韓国語の語末音 l （ル）音は日本に来ると ts・ch 音になる

変転の法則その十
韓国語の複合語末音のうち第一音は、日本に来ると消え、第二音は独立してもう一つの音節となる

変転の法則その十一
韓国語の子音のうち ①n 音と ②m 音は、日本に来ても変音しない

変転の法則その十二
韓国語のうち ①儀式 ②技術 ③幼児語の大部分は、原音のまま日本語になっている

如月（きさらぎ）

キサラギで「気《き》、生《い》き月」のこと。

キは「気」のこと。韓国式よみはギ。「生命力」「万物を生成する根元のエネルギー」を指す。

サラは「生き」「新しく」の意。この「新」の意の古代韓国語サラが「更《さら》」の語源である。現代韓国語ではセロ（새로）。ギは「……すること」。または「月」の意のドギの省略形でもある。

従ってサラギは「生きること」を表すと同時に「生《い》き月《づき》」をも意味する。

「きさらぎ」とは、韓国語のキ・サラギつまり「気、生き」または「気、生き月」のことなのである。

「きさらぎ」は「如月」と漢字表記されている。

漢字「如」は、一般的に「近くもなく遠くもない物」を指す指示詞に当てられている（『学研漢和大字典』）。「甲如乙」といえば「甲はほぼ乙に同じ、似ている」ことを表す。

陰暦の二月は、春に「近くもなく、遠くもない」月、また春に「ほぼ同じ」月の意で、「如月」と表記されたと見做される。中国の二月の異名も「如月《じょげつ》」である。

季節を二十四の「気」に分けた「二十四気」（二十四節気とも）のうち、「冬ごもりの虫が這い出る」という啓蟄《けいちつ》や、「冬の気が去って春になる」という日の「春分」が、この「気、生き月」に組まれているのはむしろ当然といえよう。

『広辞苑』（岩波書店）は『きさらぎ』は『生更ぎ』の意で『草木の更生することをいう』と殆ど正しく解いているが、〈二月はまだ寒いため、衣《きぬ》を重ね着するので衣更着《きさらぎ》となった〉とする説などが大半である。

弥生（やよひ）

イヤノヲビで「続け伸び」のこと。

「伸びる」「育つ」「成長する」「生じる」の古語

「生《お》ふ」の語源は、「伸びる」「広がる」の意の古代韓国語ノヲブ。

韓国語の場合、語頭にくる子音の初声n音は、往々消され、中声と組んで母音化する。例えば、「主」「さん」「様」のニム（님）は、イム（im）ともいわれる。

「伸びる」「広がる」の意のノヲブも、このような転音の公式によってオブに転じた。これが日本に来て「おふ」になった。「生ふ」に「伸びる」「育つ」の義があるのは、このためである。

「生《お》ふ」の名詞形「生《お》ひ」は「やよい（古語「やよひこ」）の「よひ」と同語。

「やよい」の「や」は、「続け（て）」の意の古代韓国語イヤが略されたものである。

発芽期・生育期・開花期である陰暦の三月は、イヤ・ノヲビ即ち「続け伸び」の月なのである。

従来説では〈木《き》草《くさ》弥《いや》生《お》い茂る月（草木がいよいよ生い茂る月）」という意で、「きくさいやおいづき」が詰まってヤヨイとなった（三省堂ウェブディクショナリー）。〉とあるが縮約するにしても無理がある。

卯月（うづき）

ウドギで「最上月」のこと。

古代韓国語で、「上」はウといわれた（現代語ではウィ）。

十九世紀前半、全文ハングルで書かれた『農家《ノンガ》月令《ウオルリョン》歌《ガ》』（丁学游著）の四月には、

……落花に座して瓶酒に酔う／山菜の香り嘉肴（うまい酒のさかな。おいしい料理）中の絶品なり……

と、山菜を肴に花見をする様子が描写されている。韓国では桃、杏、梨などの花が好まれ、花煎ノリという季節の花を調理して食べる遊びも盛んだった。

集って飲み食い、歌い踊ることをトゥルノリ（野遊会）という。これは今日でも年中行事として

残されている。

農民にとって、四月は「最上の月」なのである。

従来説には、〈卯の花が咲くころ、つまり「卯の花月」が略されて「卯月」となった〉〈十二支の四番目「卯」にかけて四番目の月〉〈稲を植える植《う》月《づき》〉などがある。

皐月（さつき）

サッドギで「挿《さ》し（田植え）月」のこと。

「挿《さ》す……」の意の古語サヲッをサッと略し、「さ」とよまれた「皐」に当てて表記した。

本来は「佐月（さつき）」と呼ばれていたがツツジ類の「サツキ」の咲く季節なのでこの漢字が使われるようになったとされている。

韓国語サアッデ（사앗대）は、古語でサヲッデ。「竿《さお》」「棹《さお》」（古音「さを」）のことである。デは「竹」「棒」を指す韓国語なので、「竿」の意のサヲが「さを」の語源である。

「挿《さ》す」もまたサヲに根を引く。サヲッの「ツ」は「……の」「……する」を表す。サヲッデは「挿す棒」のことになる。

サヲッドギは「挿す月」、つまり稲を挿す（植える）月を表している。

従来説では〈「佐」は田植えをする月を表し早苗を植える月の意の早苗月《さなえつき》から略された〉とされているが、「さなえ」が「さ」に約されたものではない。

水無月（みなづき）

ミナドギで「水出月《みでづき》」のこと。

陰暦の六月は「水無月」と表記される。「水の無い月」「水がすっからかんの月」ということになるが、陰暦の六月は梅雨まっさかり。「水の多い時期」を、よりによって何故「水の無い月」と呼ぶのか。

漢字「水」の日本訓よみは「み」。「水」は高句麗でもミと呼ばれた。もともとミㇽだったが、語末音の「ル」が消され、ミと呼ばれるようになった。

漢字「無」の日本訓よみ「な」で「出」の意の韓国語ナ（나）を表している。

「出」の意の韓国語ナには、元来「無」の概念も含まれていた。この「出」のナと、「無」のナが両語とも日本に渡り、前者は「名《な》」を表す「な」となり、後者は「無」を表す「な」に分派した。これが「名《な》」と「菜《な》」「無《な》」の語源である。

「名」とは、世に存在を「出す」ものであり、「菜」は地から生え「出る」ものである一方、「無」は、存在がすっかり「出」払い残らずなくなる状態を意味する。

上代人は、雨が降り続き、度々洪水にも見舞われる六月を、「出水」の意でミナ月と呼び、ミナと発音される漢字「水無」に当てて表記、「水無月」という言葉が生まれ落ちることになった。

日本列島では、梅雨時の降水量は、年間降水量の四分の一から五分の一に達する。

従来説では〈「無」は「の」という意味の連体助詞「な」であり「水の月」であるとする説が有力〉とされ、〈田植が終わって田んぼに水を張る必要のある月「水張月《みずはりづき》」「水月《みなづき》」であるとする説〉もある。

文月（ふづき）

ブㇽドギで「火月《ひづき》」のこと。

陰暦七月の異称は「ふづき」または「ふつき」といわれてきた。

夏の真っ盛りが陰暦の七月。カンカン照りつける太陽は、まるで「火」。そこで「火の月」の意でブㇽドギと名付けた。

ブㇽ（불）は「火」の意の韓国語。現代語でもあり古語でもあった。このブㇽが上代の日本に渡り、「ふ」と発音された。韓国語のb音、p音は、日本ではf音、h音に変わる。また、語末音の「ル」は大体消されるのでブㇽは「ふ」に変わるのである。

「ふ」は「火」の意の上代東国方言とされている。

しかし、上代の日本で、「火」を「ふ」と呼んでいたのは東人《あづまびと》だけだっただろうか。

「ひ」と呼ばれるようになる地方がある一方で、東国だけにこの呼び方が残されてきたのは、東《あづま》が辺鄙《へんぴ》な地であったことと、この地に定着した渡来人たちが、独自の文化を強烈に守り抜いたことに関連する。東国には主に、新羅・高句麗系の製鉄集団が進出していた。

「火の月」の意の「ふづき」という語音を「ふづき」とよまれた漢字「文月」に当てて表記し、「文月《ふづき》」なる七月の異称が誕生した。

従来説では〈七夕にちなんだ呼び名。『万葉集』で七月をフミツキと訓《よ》ませている〉

〈「文月」という字は、七夕の日に書物を夜気にさらす行事があり、それで「文月」となった〉

〈七夕の行事にちなみ、短冊に詩や文字を書き、書道の上達を祈った「文披月《ふみひらきづき》」から転じたとする説が有力〉など。

『万葉集』巻第十―二〇八九での原文は「七月七日之夕者 吾毛悲焉」だが、この「七月」が「ふみづき」とよまれた確証はない。

葉月（はづき）

バァドギで「見月《みづき》・得月《うづき》」のこと。

韓国語ボダ（보다）は「見る」の意。その語幹ボに母音アをつけボアとすれば「見て」「見よ」などになる。ボアをつめてバァともいう。

ボダには「見る」の他に「得る」の意もある。例えば、「アドゥルボダ（男の子を見る）」といえば「男の子を得る（男の子を生む）」ことを意味する。

陰暦の八月はいわゆる「仲秋」で、農民にとっては、豊かな収穫を「見る（得る）月」であった。

農作業を詠った『農家月令歌《ノンガウオルリョンガ》』の八月は、

……百穀実を結び　首《こうべ》を垂れる／綿花の白雪唐辛子の珊瑚《さんご》／茣蓙《ござ》にひろげたり　籠《かご》に入れたり／栗と棗《なつめ》の　裏山は／童《わらんべ》どもの　楽しい世界……と、収穫を得る歓喜に溢れている。

八月は、収穫を「見る月」、つまり「得る月」の意でバァドギと呼ばれた。このバァ音が、「は」音に転じ、「は」とよまれた漢字「葉」に当て字して「葉月《はづき》」と呼ばれてきたのである。

従来説は〈旧暦では秋にあたり、木の葉が落ちる月、「葉落ち月」が訛《なま》ったもの〉〈初雁《はつかり》の季節として「初来」や、稲穂がつく発月《はりづき》の意〉などがある。

長月（ながづき）

ナガドギで「出かけ月」のこと。

陰暦九月のくだりの『農家月令歌』も刈り入れ時の忙しさを歌っている。

まず稲・粟・稗などの脱穀、小豆・大豆など豆束の竿打ち、綿花打ちや綿繰《く》り、胡麻・菜種などの油搾り、田畑の後始末など、一日中仕事に追われるシーズンである。

「朝から晩まで仕事場に出かける月」の意で、九月は「出かけ月」つまりナガドギと呼ばれた。

「午前四時頃から午後八時頃まで働け」という「加賀膀示札《ぼうじふだ》」の文言そのままである。

ナガ（나가）とは「出かける」「（内から外へ）出る」を表す韓国語。現代語であり、古代語でもあった。このナガが日本に来て、原音そのまま「なが」という「長」を表す言葉になった。

「長」は「短」に比べ、或る地点・或る時点からずっと進み出た状態を表す概念。ナガつまり「進み出る」「出かける」という動作が「長」という結果を生み、動作を示す言葉が、結果を示す言葉に転じた。これが「長《なが》」の語源である。

従来説では〈秋の夜長のころ、ということで、「夜長月《よながつき》」が略されて「長月」となった〉というのが主流。

神無月（かんなづき）

ガムナドギで「神出月《かみでづき》」のこと。

陰暦十月を「神無月《かんなづき》」と呼んでいる。神無月のナは、水無月のナ同様「出」の意で、「神さまがお出ましになる月」のことを表したものである。

島根県一帯には、旧暦の十月、全国の神さまが出雲大社に集まり、その後、近くの佐太《さだ》神社（松江市鹿島町）で会議を行ったという伝説がある。八百万の神を迎え、そして送り出す行事が、今でも毎年太陽暦の十一月二十日から二十五日にかけて佐太神社で行われる「神在祭《かみありまつり》」である。神々の滞在中は一切人を近づけず、厳粛に取り仕切られるので、「お忌《い》みまつり」とも呼ばれている。

佐太神社のサダは古代韓国語で、「鉄の地」または「鉄着き」とよめる。サは、上代の新羅言葉で「鉄」を指す。ダは「地」であると同時に「着く」「着き」を表す古語。

日本海を望むこの一帯は、かつて新羅からの船を迎える港場だった。

佐太は、新羅から送られて来た鉄器や、鉄器を作る材鉄（鉄鋌《てってい》）の受け入れを一括して取り仕切っていた所。鉄がなければ農耕も、狩りもできなければ戦争もできない。古代において、鉄は富と権力の根元であった。

八百万の神々、つまり古代の日本各地の豪族たちは、鉄を求めて出雲へ集合。佐太での秘密取引を経て、鉄を貰い受けていた。

冬の日本海は、偏西風で大荒れになる。旧暦十月のうちに、船は新羅に戻らなければならない。「神々が出雲にお出ましになる」のが十月だったのは、そのためだ。

従来説では〈旧暦十月は全国の神々が出雲大社に集まり、神が留守をすることから神無月《かみなしづき》となったとされる〉説が最有力である。

霜月（しもつき）

シイモドギで「鉄《てつ》集め（纏《まと》め）月《つき》」のこと。

霜の降る月なので「霜月」と呼ばれたのは間違いないが、この十一月の異称には、もう一つの義がある。古代からシィモと呼ばれていたこの月の名を、「しも」と読まれる「霜」の字で、書き表したのである。

シィは「鉄」の古代韓国語で、同時に今の慶尚道方言。主に鉄を指称するが、金属一般も指した。モは「集める（集め）」「纏《まと》める（纏《まと》め）」を示す。現代語でいえばモウダ（모으다）の語幹である。シィモは「鉄集め」「鉄纏め」となる。

奈良市春日野町の春日大社は、藤原氏の氏神として名高い。ここの春日《かすが》祭は申《さる》祭ともいわれた。昔は、陰暦の二月・十一月の上の申の日に行われたのでこう呼ばれたが、今は太陽暦の三月十三日に行われている。

「かすが」は、「磨いて新しく耕す」の意の古代韓国語ガセガㇽが日本風に訛った言葉である。ガは「磨く」、セは「新」、ガㇽは「（田・畑などを）耕す」。ガセガㇽとは、「一年中使い古した鉄の農機具を新しく磨ぎ直して、来年の春、田畑を耕すのに備える」ことを意味する。春日大社は、鉄の農機具を取り仕切る神社であった。古代の農機具は、武器も兼ねる貴重品だった。

陰暦十一月の上の申の日、春日大社は、この地一帯の農家に貸与していた農機具を一斉に取り集め、新しく磨ぎ直す作業にとりかかる。この作業をガセガㇽ、つまり「かすが」と呼んだ。春日大社は、農耕の神を祀るお宮であり、かつ鉄器を保管する倉庫も兼ねていた。

春日大社には春日祭の時に、本殿を飾る御神宝（鏡、太刀、鉾、弓矢など）が納められた、朱塗り校倉《あぜくら》作りの「宝庫」が現存する。普段は封印されている。

陰暦十一月は、古くから鉄を集める月、纏めて収める月であった。現在でも十一月八日には鋳物師、鍛冶屋、石工など鞴《ふいご》を用いる職人が、鞴に供物を供え祈願をした後、親戚、顧客を集めて直会《なおらい》をする「鞴祀り」が行われている。

従来説は〈文字通り霜が降る月という意の「霜《しも》降月《ふりづき》」の略〉で疑いの余地はないものとされている。

師走（しはす）

師走は、シイバスで「鉄壊《こわ》し・ご破算」のこと。

年の終わりの月を何故「師走《しはす》」というのか。

従来説では〈一年の終わりである十二月は忙しく、師匠も趨走《すうそう》（走り回ること）するので「師趨《しすう》」となり、これが「師走」となった〉とされている。ところが、《歳末には忙しい世間から相手にされず、布施も少ないところから》やつれたみすぼらしい坊主。また、みすぼらしい身なりをした人のたとえされる「師走坊主」という言葉もあるように、世間の人々は忙しくて、法事どころではなく、師匠こと僧侶は閑なのが十二月であった。

「しはす」は、シイバスという韓国古語が日本語に置き換えられた言葉である。シイは「しもつき」の「し」と同様「鉄」。バスは「壊す」「潰《つぶ》す」の意のブスダ（부수다）の語幹ブスの古形。シイバスは「鉄壊し」を表す。十一月に集めた鉄の農機具を鍛冶場に送り、全部新しく作り直す月が十二月で、明くる年の春二月、これらの新農機具を農民に再配布する。春日大社は、その総元締めだったのである。

このシイバスが「しはす」になった。これに「師走」という漢字を当てて表記した。

大分県国東《くにさき》半島の成仏寺や岩戸寺などで行われている正月行事「修正鬼会《しゅじょうおにえ》」で叫ばれている不思議な言葉「オニハヨ、ライショハヨー」は「鬼がします。刃物修繕します！」という韓国語であった。霜月に集めた農機具を、正月に修理していた事実がここから浮かび上がる。

ところで、シイバスにはもう一つの義がある。「シ（計算）バス（壊し）」という同音異義。十二月は、一年間の収支をすべて清算し、ご破算にする月なので「計算壊し月」と呼ばれた。「ご破算の月」の意である。シイの現代語はセ。「数える」の意の現代語セダ（세다）の語幹である。

「師走」は「鉄壊し」であると同時に、「計算壊し

(ご破算)」も表す異称であったことが分かる。

つい数十年前まで「大晦日の掛け取り」は年中行事であった。大晦日に一年中の支払いを受けなければ、次の決済は翌年に持ち越される。掛け取りと、免れようとする庶民の駆け引きは落語にもなっている。

夜鍋と夜這い

「夜鍋《よなべ》」は「夜に昼間やり残した仕事をすることで、お腹が空くから鍋を囲んだ」という説がある。

一方、「夜中に性交を目的に他人の寝ている場所を訪れる事」の意の「夜這《よば》い」は「夜、暗闇の中を這って行く」からとされている。

「夜《よる》」の語源は「交合する」「性交する」の意の古代韓国語ヲㇽ。ヲㇽには「一緒になる」の意味もある。夜は家族が一緒になる時間帯であり、交合する時でもあった。

「夜鍋」のナベは、「続けること」の意のナビダ、あるいはヌビンダ。ヲㇽナビ(ヌビ)とは「夜中《よるじゅう》、ずっと続けること」。これが「夜鍋」の真相。

「夜這い」の古音「よばひ」は、ヲㇽバビという韓国語から変化した。ヲㇽは「交合」、バビは「擦《こす》ること」「混ぜ合わせること」の意。「(男女の性器を)擦り合わせること」つまり「性交すること」がよばひ。「這《は》う」という文字を当てたので夜中に這っていくことになっているが、夜とは限らない。

算盤は元に戻す計算機

「ご破算」といえば算盤が思い浮かぶ。

玉を元に戻し、計算を始める前の掛け声が「ご破算で願いましては！」である。

中国で発明されたと見倣され、算盤（スワンパン）と呼ばれた。日本へはいつ頃伝わったのか分からないが、現存する最古の算盤とされているのが、加賀（石川県）の前田利家《としいえ》が陣中で使ったとされる「陣中算盤」。縦七センチ、横十三センチの小型で、けたは銅線、玉は獣の骨でできているという。前田利家は、豊臣秀吉の臣下。文禄の役（一五九二年開始・一五九三年休戦）・慶長の役（一五九七年、交渉決裂により再開・一五九八年、秀吉の死により終結）にも出兵している。利家が朝鮮半島から持ち帰ったものなのかも知れない。

算盤は当初「吐露盤」「十露盤」などと書かれ「とろばん」と読まれていた。ドロ（도로）は、「元へ」「引き返して」の意。算盤は、振って珠を全部元へ戻すことが出来る計算機。ドロバンが訛って「そろばん」になった。

現在、算盤の生産地として兵庫県小野市（播州算盤）と島根県奥出雲町（雲州算盤）が名を知られている。いずれも伝統的工芸品の指定を受けている。

雲州算盤は、奥出雲の鉄師たちが、鉄取引の帳簿作成に算盤を求めたことに始まる。十九世紀の初め頃、仁多町亀嵩《かめだけ》の大工が芸州広島の算盤を見て製法を考案。その後、島根県横田町（現奥出雲町）の大工が入門料と引き替えに製法を公開した。役場や銀行の創時期と重なり、全国に普及したという。

江戸時代から「読み書き算盤」と称され、昭和になっても全国の市町村に算盤教室があった。計算機が普及したとはいえ、算盤教室はなくなっていない。暗算など「算数教室」としての役割もあるようだ。

植物の語源（李寧熙解読）

アオイ【葵・あふひ】

アオイ科草本の総称。

「併せ見」「相見」の意の古代韓国語アブㇽビ(a-bul-bi)

葵の葉は、ハート形の葉が茎に相対してつくので「併せ見・相見」の意でアブㇽビとよばれた。アブㇽは「併」、ビは「見」。語末音は消滅する（変転の法則一―①）のでアブㇽはアブになる。韓国語のb音は日本語になるときh音やf音になる（変転の法則五）のでブは「ふ」になる。韓国語の濁音は日本に来ると語頭の場合清音に変えられる（変転の法則二―①）ので、ビはひ。アブㇽビは「あふひ」となった。

フタバアオイ

「相見」の意があることから『万葉集』などの古文献では「あふひ」はしばしば「交合」という性的な意味でも用いられた。

京都上賀茂神社と下鴨神社の祭礼葵祭で使われるアオイ（葵）は、アオイ科ではなくウマノスズクサ科のフタバアオイ（双葉葵）で別名「賀茂葵」とも呼ばれる。

徳川家の紋章「三葉葵」はこれに基づいたものだが、フタバアオイの通常の葉の数は二枚で三つの葉をもつフタバアオイは稀である。

アララギ【蘭】

ユリ科ネギ属の多年草ノビル（野蒜）の古名。地下に球根（鱗茎）を持ち、地上に細い葉を伸ばす。葉とともに、地下にできる鱗茎が食用となる。タマネギに似た香りと辛味があり、アサツキ等よりも鮮烈な香味を持つ。

「玉出」の意のアラナギ。アラは「玉」を意味するアル（알）に母音 a がついたもの。ナギは「出る」の動詞ナダ（나다）の語幹ナに語尾ギがついたもの。ノビルの白い玉が垂れ下がっていることから付けられた。「あらなぎ」から「あららぎ」へ、より発音しやすい言葉に変音した。

ノビルの鱗茎

イネ【稲】

イネ科の一年生作物。

イッ（잇）「立て続けに」「聖なる」、ネ（내）「出す・出すもの」の意。

イネ（稲）の穂は、たわわに連なって稔《みの》る粒で、深く首《こうべ》を垂れる。この稔りの状況を目にすると、稲を「立て続けに（たくさん）出すもの」「聖なるもの」とみなした古人《いにしへびと》の心が切実に伝わってくる。

カキ【柿】

カキノキ科の落葉高木。「端の木」の意のガギ。ガ（가）ッは新羅語で「端」のこと。日本では「か」「かし」になった。ギは「木《き》」で、ゲ（毛）と同根。「木」は、大地に生える「毛」だからである。カキは「（庭の）端にある木」なのでこう呼ばれた。

カシ【樫】

ブナ科コナラ属の常緑高木一群の総称。クスノキ科の一部にも葉の様子等が似ていることからカシと呼ばれるものがある。

葉の表面につやがあり、鋸歯（葉の縁のギザ

アラカシの葉

ギザ）を持つものが多い。

カシ類の果実は、落葉性のナラ類と共にドングリ（団栗）と呼ばれる。

「棘《とげ》」の意のガシ。この木の葉の周辺に鋸《のこぎり》状の棘《とげ》（韓国語でガシ・가시）があるからである。

韓国語ガシナム（가시나무）は、「棘のある木の総称」として使われている。

クズ【葛】

マメ科の大形蔓性の多年草。根を用いて食材の葛粉や漢方薬が作られる。葛粉を湯で溶かしたものは葛湯。熱を加えて溶かしたものは固まると透明もしくは半透明になり、葛切りや葛餅、葛菓子（干菓子）などの和菓子材料や、料理のとろみ付けに古くから用いられている。

クズの花

「固め」の古代韓国語グチュが「くず」になった。「固める」「堅くする」の動詞グチダ（굳히다）の語幹グチは、古くはグチュとも呼ばれていた。葛は熱で「固めて」使われるので「固め」つまりグチュと呼ばれていたのである。

クス【樟】

クスノキ科ニッケイ属の常緑高木。一般的にクスノキに使われる「楠」は、本来は中国のタブノキを指す漢字。クスノキの枝葉を蒸留して得られる無色透明の固体は樟脳《しょうのう》で、防虫剤や医薬品等に使用される。

「固い鉄」の意のグッス。グッは「固い」の韓国語グッタ（굳다）の語幹。スは「鉄」。クスは鉄のように固いのでこう呼ばれ、船材としてよく使われた。

クリ【栗】

ブナ科の落葉高木。雌雄異花で、受精した子房のみが肥大して果実となる。成熟すると自然にいがのある殻斗が裂開して、中から堅い果実（堅果であり種子ではない）が一～三個ずつ現れる。

「転がるもの」の意グルイ（gul-i）。現代語でも「転がる」の動詞はグルダ(구르다)。語幹グルに名詞形を表す語尾イがついてグルイ（グリと発音）。濁音が清音化して「くり」となった。カシ類・ナラ類の果実を指す「団栗《どんぐり》」のクリもこの「転がるもの」のグリである。（どんぐりの項参照）

クワ【桑・くは】

クワ科の落葉高木クワ類の総称。カイコの餌として古来重要な作物であり、また果樹としても利用される。

「曲がるもの」「曲がっているもの」の意のグブア(gub-a)。グブア（グバと発音）→くは→くわ、となった。韓国語で「曲がる」はグプタ（굽다）。

クワの花

クワの枝は、空に向かって曲がって伸びるので、「曲がるもの」と呼ばれた。

クワの葉を食用とする蚕《かいこ》の古表記は「くはこ」。この「くは」も「曲がる」のグブアである。蚕は体を持ちあげて「曲がっ」ているので「曲がるもの」の意でグブアコと呼ばれた。同音の農機具「鍬《くわ》」も、やはり曲がった形をしているので、「曲がった物」の意で「くは」と呼ばれた。

ケヤキ【欅】

ニレ科の落葉高木。ツキ(槻）ともいう。

韓国語ケヤキ。意味は「開いている・家・木」。

ケヤキは屋敷に植えられ、古木は「うろ」が開いているので、こういう名前になった。木

ケヤキの洞

のうろにはしばしば小動物や鳥などが巣を作る。

コケ【苔】

地表や岩の上にはいつくばるように成長し、広がるような植物的なものをいう。狭義のコケは苔類、蘚類、ツノゴケ類の総称としてコケ植物を指すが、コケはそれに加え菌類と藻類の共生体である「地衣類」や、一部のごく小型の維管束植物や藻類などが含まれる。花が咲かない隠花植物の蘚苔類に属する。

「美しい木（毛）」の意の韓国語ゴウン（go-un）ゲ(ge)。ゴウンは「きれいだ」を意味する形容詞ゴブタ（곱다）の連体形。ゲは「毛」「木」。

一面美しい苔に覆われた京都西芳寺（別名苔寺）の庭などを見るとこれを実感できる。

サイグサ【さい草】

ユリの一種ヤマユリ（山百合）の古名。

「さいくさ」の「さい」は、「鉄」の意の古代語セェが訛《なま》った言葉。「さい草」とは「鉄草」のことになる。

山百合が「鉄草」と呼ばれた理由は、花の形が吹き出る泉の噴水形だからである。泉は韓国語でヲㇽ。古代において、泉は鍛冶場のシンボルであった。製鉄には大量の水がいる。

ヤマユリ

「泉」＝「鉄づくり」のイメージから、「泉形の花」ユリは、「鉄草」すなわち「さい草」と呼ばれた。

三輪神社（奈良県）の摂社率川《いさがわ》神社で行われる「さいぐさ祭り」に使われるヤマユリは三輪神社の境内で栽培されている。「さいぐさ祭り」は「鉄祭り」なのである。

サクラ【桜】

バラ科スモモ属サクラ亜属に分類される落葉広葉樹。江戸末期に出現したソメイヨシノ（染井吉野）は、明治以降、全国各地に広まり、最もたくさん植えられた。エドヒガン系桜と日本固有種のオオシマザクラの雑種の交配で生まれた日本産園芸品種。

サクラ

サクラは、日本では少なくとも数百万年前から自生しているとされ、鮮新世（地質時代の一。約五百万年前から約二百五十八万年前までの期間）の地層とされる三朝層群からムカシヤマザクラの葉の化石が見つかっている。

サクラの語源は「散るもの（こと）」の意のサグラ。「錆びたり朽ちたりしてなくなる」「朽ち果てる」の意のサグラジダ（사그라지다）の語幹。

古くから桜は、諸行無常といった感覚にたとえられ、ぱっと咲き、さっと散る姿がはかない人生を投影する対象とされてきた。「散るもの」がサクラなのである。

ササ【笹】

イネ科の常緑多年生植物。「ささ」は「小形の竹」のこと。

「小さい小さい」の意のジャジャ（ja-ja）が「ささ」になった。ジャは「小さい」「細かい」、ジャジャはその重複形で「小さい小さい」の意。笹の葉は小さいので、こう呼ばれた。

「小声で小さくいう」ことを「囁《ささや》く」という。この「ささ」も「小さい小さい」のジャジャである。韓国語で「小さい」はジャクダ（작다）。

スギ【杉】

すぎ（杉）ヒノキ科スギ亜科スギ属の常緑針葉樹（以前はスギ科に分類されていた）。

細長く直立し、高さ五十メートルに達するものもあるが、生育条件などによっては幹が太くなる。

多くの地域品種があり、日本では天竜杉、屋久杉、立山杉、吉野杉、北山杉、秋田杉、山武杉などが有名。

主に住宅の柱材として利用されるほか、構造用合板や、集成材としても利用される。葉は乾燥して線香に用いる。

「一列に並んださま」の意の古代韓国語ジュク・イ（ジュギと発音）。

ジュクは「一列に並んださま」「動作の滞りないさま」「紙・布などを一度に裂くさま」「線をひくさま」「水などが目だって引いたさま」などを表す副詞。イは名詞形を作る接尾語。

ジュギは「一列にずらりと並んだもの」の意。

韓国語のｊ音は日本語になる過程でｓ音に変えられる（変転の法則四）のでジュギは「すぎ」と発音されるようになった。

スギ

従来説では〈スギの名の由来は、真直ぐの木「直木（スグキ）」からきているといわれる。（『大和本草』貝原益軒）」。一方、本居宣長は『古事記伝』神代七之巻で、〈スギは傍らにはびこらず上へ進み上る木として「進木（ススギ）」が語源で、「直木（スグキ）」は誤りである〉としている。

ススキ【薄】

イネ科ススキ属の多年草。尾花ともいい秋の七草の一つ。また茅《かや》（「萱」とも書く）と呼ばれる有用植物の主要な一種でもある。

「洗うこと」を意味する古代韓国語ススギ。薄は群落になる。一斉に風に靡《なび》く姿が、水に洗い流される川藻のように見えるところから「洗い」と呼ばれた。

ススキは「山野を洗う花」である。

ススキの群落

「洗う」「流す」の現代語はシッタ（씻다）、「洗うこと」はシッギ（씻기）。

神奈川県箱根町の仙石原《せんごくはら》すすき草原は、ススキの名所として有名。

タク【栲】

クワ科の落葉低木コウゾ（楮）またはクワ科の落葉高木カジノキの古名。コウゾは古くから和紙の材料として使われてきた。コウゾの皮の繊維は、アサ（麻）に次いで長く、繊維が絡み合う性質強いので、粘りが強く揉《も》んでも丈夫な紙となる。

栲《たく》の韓国名はダクナム（닥나무）（ナムは「木」）。

ダクが「たく」になり、本来、ウルシ科の「ヌルデ」を表す漢字「栲」を当てた。

コウゾの皮の繊維を蒸して水にさらし、細かく割いて作った糸を木綿《ゆふ》という。同じ字の木綿《もめん》（ワタの繊維）とは別のもので、神道の祭事に用いられる。織って作った布は太布《たふ》、栲《たえ》（「たく」とも）、栲布《たくぬの》などと呼ばれる。

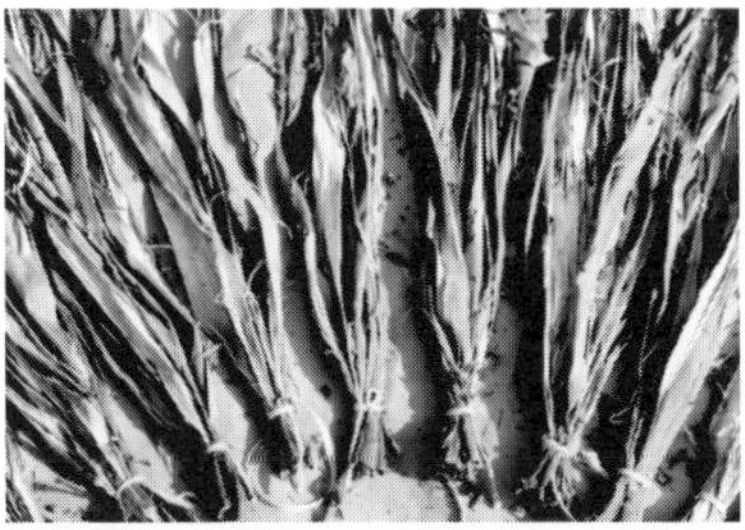
タク

タケ【竹】

イネ科タケ亜科の多年生常緑木本の総称。

「着く（接する）木」のダッケ。ダッは「着く」「接する」「触れる」の意のダッタ（닿다）の語幹。ケは「木」。タケは成長すると、先端が地面に届くようになる。そういう柔軟な木は他にないので、「着く木」「（地面に）触れる木」つまりダッケと呼ばれた。

タンポポ【蒲公英】

キク科タンポポ属多年草の総称。

「束引き抜け」の意でダンポポと呼ばれていたのが、そのまま「たんぽぽ」という日本語になった。

ダン（단）は「束」、ポは「引き抜く」ポブタ（뽑다）の語幹。ポポで「抜け」。

舌状花と呼ばれる小さな花が円盤状に集まり、頭花を形成しているが、舌状花一つに計五つの花びらをつける。一つに合着した合弁花冠であるため一つの花びらをつけているように見える。タンポポの花は「束」の集まりといえる。

タンポポ

タンポポの葉に含まれる成分には、C型肺炎ウイルスを抑制する効果があることが分かっている。また、根には健胃・利尿・催乳などの効果がある。根を乾燥させて炒ったものがコーヒーの代用品たんぽぽコーヒー。

タンポポ茶は、葉を乾燥させ、ハトムギ茶などと配合したもの。

全草を乾燥したものは、蒲公英《ほこうえい》という生薬で、解熱・発汗・健胃・利尿などの作用がある。葉から根まですべて「束引っこ抜」いて利用できるものがタンポポである。

チ【茅】

イネ科の多年草。カヤ（茅）は普通、「ちがや」という。チ（茅）は韓国語で、濃音のテイ（띠）、古音は濃音でないティ（ti）。韓国語のt音は、日本に来るとts音またはch音に転音するのでティは「ち」になる。

ツタ【蔦】

キヅタ・ツタウルシなど蔓性木本の総称だが、普通にはブドウ科の落葉蔓性木本のものをいう。

ジュル（줄）タで「綱《つな》乗り」を意味する。ジュルは「綱」、タは「乗る」の動詞タダ（타다）の語幹。動詞「伝《つた》ふ」の語源もこの「綱乗り」

ツタ

のジュルタである。

ツバキ【椿】

ツバキ科の常緑高木数種の総称。

「上って行く」ものを下で支えるように「受ける」ことの意のチバッキ（チュバッキとも）が日本語「つばき」の語源である。

韓国語のチ（chi）は、動詞の前につけて「上って行く」ものや、ことを表す言葉として用いられている。例えば、チダッタ（치닫다）は「上に向かって走る」、チデダ（치대다）は「上の方に当てる」。このチの古音はチュ。

一方「受けること」はバッキ。「受ける」の意のバッタ（받다）の名詞形。

ツバキは五弁の花で、五枚の花びらの中央下部に聳《そび》えるように多数の雄しべが固まっている。この姿が、上って行くものを花びらが下から支えているように見えるので、椿は「上って行くものを下から支えること」の意でチュバッキ、つまり「つばき」と呼ばれるようになった。

古代韓国語でチは「王・貴人・男・男根」を表した。このため『万葉集』などでは「椿」はしばしばチバッキ（「王、推戴」）をあらわす言葉として使われている。

ツバキの花

ナデシコ【撫子】

ナデシコ科ナデシコ属の植物、カワラナデシコの異名。またナデシコ属の植物の総称。キヨバク（蘧麦）。

「やたら生え出る花」の意の韓国語ナデジゴッで、ナデダ（나대다）は「あちこちやたら出歩

カワラナデシコ

く」「出しゃばる」、ゴッは「花」。河原などに一斉に生えはびこる様子を表現した花名である。

カワラナデシコの異名は大和撫子《やまとなでしこ》。これは、「日本人女性の清楚な美しさをナデシコの花に見立てていう美称」とされている。名前の語源とはうらはらな使われ方をしているのである。

ヌバタマ【夜干玉】

アヤメ科アヤメ属の多年草ヒオウギ（檜扇）の古名。本来は、ヒオウギの黒色の種子のこと。ヒオウギは従来、ヒオウギ属に属するとされていたが、二〇〇五年になって分子生物学によるDNA解析の結果からアヤメ属に編入された。

ヒオウギの種子（ヌバタマ）

「沼（の泥土のように黒い）玉」の意の韓国古語ヌパタムから。ヌパは「沼」、タムは「最上のもの」「丸くて美しいもの」「玉」。現代語で「沼」は、ヌプ（늪）。

ネギ【葱】

ユリ科の多年草。

動詞ネダ（nae-da）は「出す」。「出る」の動詞ナダ（나다）の名詞形ナギは「出るもの」。ナギ（出るもの）は、ネギ（出すもの）と同語といえる。「出すもの」を表すネギが、そのまま日本語のネギ（葱）になった。ネギは切っても切っても生え出すものなので、「ねぎ」つまり「出すもの」と呼ばれた。

ネギは「継ぐもの」でもある。神社の代表者宮司《ぐうじ》に継ぐ神職を禰宜《ねぎ》というのもこの意味である。

ノリ【海苔】

ノリ（海苔）は、コウソウ（紅藻）またはリョクソウ（緑藻）などのうち、水中の岩石に着生し、苔《こけ》状をなすものの総称。

「のり」の語源は「干し」「干す物」の意のノヲルイ（널이）。現代語の動詞はノヲルダ（널다）。苫状のものを採取、簀子《すのこ》またはすだれ状の細い竹や藁《わら》などに薄くひろげ、乾かした。「干す物」だったのでノヲルイ（ノヲリと発音）と呼ばれた。

ハギ【萩】

マメ科ハギ属の小低木。

「はぎ」は、古代韓国語でベッキ（バッキとも）と呼ばれていた。「剝《は》がされたもの」の意である。萩の幹や枝が、剝がされたようにつるんとしているところからつけられた名前。現代語の「剝がす」「剝ぐ」はボヲッキダ（벗기다）。

『万葉集』では、ハギはほとんど「芽子」と表記され、「剝がされた」つまり権力などを奪われたことを表す言葉として使われている。特に「秋萩」はアッキバッキとよまれ「奪われ、剝がされ」の意で用いられている。政権を奪われた側の怨嗟《えんさ》の声がつまったものが「秋萩の歌」。

ハギ

ハジカミ【薑】

サンショウ（山椒）またはショウガ（生姜）の古称。サンショウはミカン科の落葉低木。ショウガはショウガ科の多年草。野菜として食材に、また生薬として利用される古くからなじみの深い植物である。これらのサンショウ・ショウガなど古代のスパイスは「はじかみ」と呼ばれた。「支える材料」の意のバッチガムまたはバッチガミという古代韓国語から日本語になった。「支える材料」とは、料理の味を支える「調味料」を意味する。現代語でも「支える」はバッチダ（받치다）、「材料」はガム（감）である。

ハチス【蓮】

スイレン科の多年草ハス（蓮）の古名。

「はちす」は「蜂巣《はちす》」の意で、ハスの花托《かたく》（花が散ったあとの台）が蜂の巣に似ているのでつけられた。

蜂《はち》の語源は「捧げる」の意のバチ。「捧げる」の動詞バチダ（바치다）の語幹。鉢の巣が、空に向かって捧《ささげ》げるような形をしているのでバチと呼ばれた。巣《す》は「間《あいだ》」を意味する古語スッ。巣は木の枝の間《あいだ》に作られるからである。

ハスの花托

ヒイラギ【柊】

モクセイ科の常緑小高木。葉に棘があるため、防犯目的で生け垣に利用することも多い。古くから邪鬼の侵入を防ぐと信じられ、家の表鬼門（北東）にヒイラギ、裏鬼門（南西）にナンテンの木を植えると良いとされている（鬼門除け）。また、節分の夜、ヒイラギと大豆の枝に付けた鰯の頭を門戸に飾ると悪鬼を払うという。

「刃物のなる木」の意の韓国語ビイラゲから。ビは「刃物」、イラは「生じ」、ゲは「木」。ヒイラギは、固く鋭い葉先一つ一つが刃物のようなので「刃物のなる木」と呼ばれた。

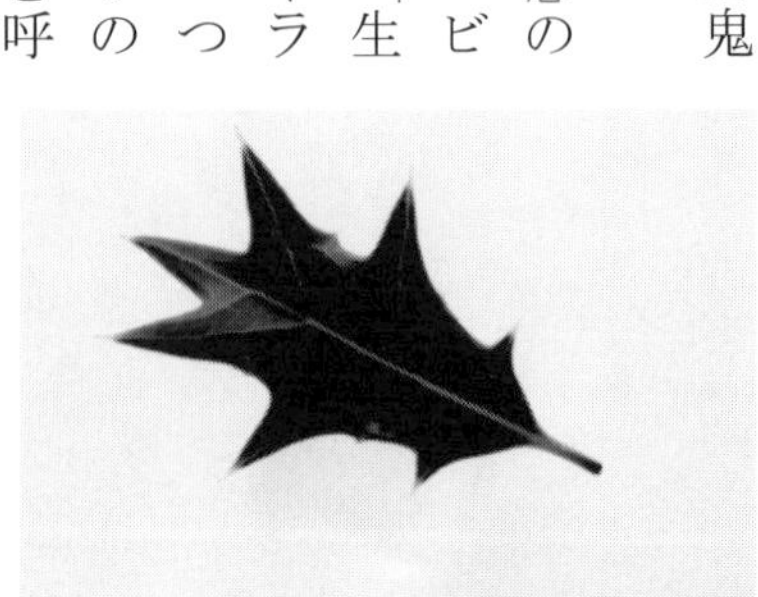
ヒイラギの葉

ヒエ【稗】

イネ科の一年草。

「刈《か》れ」の意のビエ。ヒエは稲作にとって邪魔なので「刈れ」の意味でビエと呼ばれた。「刈る」の現代語はベダ（베다）。

フジ【藤・ふぢ】

マメ科フジ属の蔓性落葉本木の総称。

韓国古語ブティは「付着しているもの」の意。

「ふじ」によく似た日本語「ふち（縁）」はこの「付着物」ブティ（ブチともいわれた）から生まれた。

フジ（藤）の語源も「付着物」の意のブティ・ブチである。藤の花は房になり、ゆらゆら垂れ下がっているのでこう呼ばれた。「付《っ》く」の現代語はブッタ（붙다）。

フジ

マツ【松】

マツ科の一属。

「向かい合う」「迎える」の意の韓国語マッタ（맞다）の活用形マジュ。「向かい合って」の意。マジュの古音はマドゥ。松は、二本の針のような葉が「向かい合って」つながっているので、マドゥと呼ばれた。

マツ

モミジ【紅葉・黄葉・もみち】

カエデ科落葉高木の総称カエデ（楓）の別称。現在主流のAPG植物分類体系ではムクロジ科（旧カエデ科）カエデ属に分類されている。落葉広葉樹が落葉の前に葉の色が変わる現象を「もみじ」と総称している場合もある。

モミジの古代音は「もみち」。「紅葉する」という動詞は「もみつ」。

「行きつかぬ」「及びつかぬ」の意の古語モッミチュが「もみち」になった。

紅葉は、葉内糖分の「停滞」によって生ずる。気温の低下に従い、糖分を含む色素アントシアニンが細胞液中に増

モミジ

加し、葉緑素を分解するために起こる現象とされている。

葉液の流れが「行きつかぬ」状態が紅葉の原因なのである。

韓国語の「行きつかぬ」「及びつかぬ」の動詞はモッミチダ（못미치다・モンミチダと発音）。モッは、動詞の前後につけて不可能・制止・よく出来ないことを表す語、ミチダは「及ぶ」「達する」「行きとどく」などを表す動詞。モッミチュが動詞「もみつ」になり、その名詞形「行きとどかぬこと」が「もみち（紅葉）」になった。

モモ【桃】

バラ科の落葉高木。

モモ（桃）の実は、山が二つ集まっているようなハート形をしている。古代韓国語で「山」はモィと呼ばれていたが「ィ」が省略されモとなった。このモつまり「山」が二つ集まっているような形の果物なので、桃は「山山」すなわちモモと呼ばれるようになった。

ヤナギ【柳】

ヤナギ科ヤナギ属の植物の総称。

「つなぐこと」「結ぶこと」「継《つ》ぐこと」の意のイヤネギ。イヤ（ヤ）は、動詞イッタ（잇다）の連用形イヲの古語。

柳は強力な生命力を持つ樹木なので「つなぎ」「維持」の意でヤネギと呼ばれ、「やなぎ」と転音された。

ユリ【百合】

ユリ科ユリ属植物の総称。

「泉」「沼」の意の古代韓国語ヲル。百合は、花の姿が泉の噴水に似ていることからヲル（泉）と呼ばれた。eo音は「ゆり」「由良《ゆら》＝温泉地」「揺《ゆ》る」など「や行」に転音された。

ワタ【綿】

アオイ科の一年草または木本。

「海」の意の韓国語バダ(바다)。中世にはバラㇽとされていたが、古代語も現代語と同じバダ(바다)だった。原義は「一直線に張った筋模様」。海は「一直線に張った筋模様」の波《なみ》で象徴されるものなのでこう呼ばれた。日本語「綿津見《わたつみ》」の「わだ」、「わたの原《はら》」の「わた」にもなっている。綿畑のはじけた白い綿実の列が、海の白波を彷彿《ほうふつ》させるので、ワタも「海」すなわち「わた」と呼ばれた。

綿畑

木綿《もめん》は延暦時代(八世紀)に日本に渡来したが、栽培はわずか一年で終了し、連続して栽培され一般的になるのは、十六世紀以降。

戦国時代後期から綿布の使用が普及し、江戸時代になって盛んに栽培されるようになるまでは、明・朝鮮などからの高級輸入品だった。

従って古代において「わた」というときはアオイ科の草木本ではなく、蚕《かいこ》からとった真綿などを指す。朝鮮には、一三六四年に文益漸が中国(元)から国禁を犯して持ち込んだと記録されている。

木綿と表記して「ゆう(ゆふ)」とよまれる繊維は、コウゾの木の皮を剥いで蒸した後に、水にさらして白色にしたもの。古代の繊維はアサ(麻)を主としつつも、様々な植物が糸・布の原料として利用された。コウゾもその一つで、これを織って作った布は太布《たふ》(藤蔓《ふじつる》からとった布も含む)、栲《たえ》(「たく」とも)、栲布《たくぬの》などと呼ばれる。

樹木のサクラと地名のサクラ

「サクラ」の項で説明したように樹木のサクラの語源は「散るもの（こと）」の意のサグラだが、日本には佐倉（千葉県）の他、桜井（奈良県）など「さくら」のつく地名が多数ある。この地名の「さくら」は「鉄倉」の意のサグラから生まれた。サは「鉄」、グラは「洞窟」の意。洞窟は古代の倉庫。つまり「鉄の倉庫」がサクラなのである。サクライは「鉄・倉・井」になる。製鉄に泉は欠かせなかった。作った鉄を保管する場所も必要だった。

奈良時代以前、「花」といえば「梅」を指した。平安時代以降、桜が「花」とされるようになったといわれている。嵯峨天皇は桜を愛し、花見を開いた。嵯峨天皇のサガは「鉄磨《と》ぎ」（鉄作り）の意。また、宮中にあった左近の桜は、元は梅だったが桜好きの仁明天皇が、在位期間中に梅が枯れた後に桜を植え替えたとされている。

高句麗・百済・新羅の「松」が別々の日本語に

松の語源は「向かい合う」意のマジュ。

一対の松の葉は向かい合っている。そしてそれが束になって房になっている。

「房《ふさ》」は高句麗・百済語の「松」の意のブサから日本語になった。ブッとして現代韓国語の「筆《ふで》」に残されている。

フデのデは「軸」なので、日本語「ふで」は「筆軸」という意味になる。

現代韓国語の「松」はソルだが、これも「刷毛」の意味である。昔は海苔に胡麻油を塗るときなどに、刷毛の代わりに使っていた。

「向かい合う」意のマジュには「迎える」の意もある。これは「物事・人・時が来るのを予期し、願い望みながら、それまでの時間を過ごす」という意味の日本語「待《ま》つ」になっている。

同根の言葉に「祭《まつ》り」がある。「相対すること」「迎えること」のマドゥリ・マジュリが語源。「祭り」はまず「神を迎える」ことから始まる。

植物に関わる言葉の語源（李寧熙解読）

高句麗・百済・新羅語の「端」はそれぞれ異なり、別々の日本語になっている。新羅語はガ・ガッで「河岸《かし》」「潟《かた》」の「か」などに、百済語はア・アッで「足《あし》」「雨《あめ》」「天《あめ》」などの「あ」になっている。

え【枝・ゑ】

「端」の意の高句麗語ヱ。高句麗式吏読で「廻」と表記され、ヱとよまれてきた。枝は「茎や幹から分かれて出た部分で葉をつけたり、さらに小枝を出したりする」つまり「端」にあるものなのでヱと呼ばれたのである。

かずら【葛・かづら】

葛《かずら》は韓国の古語でガドゥラといわれた。ガは「端」「周辺」、ドゥラは「囲《かこ》み」「覆い隠し」の意。蔓草は、他の木などにからみつき、その周りを囲むようにして生える植物なので、ガドゥラつまり「周辺囲み」と呼ばれた。日本に来て「かづら」つまり「かずら」に転音した。↓

「周辺囲み」のガドゥラは、人の頭部にかぶせて、元々ある頭髪を補ったり別の髪型に見せるために使う添え髪・仮髪を指す鬘《かつら》や鬘帯・鉢巻きなど、頭髪のように作って頭にかぶったり付けたりするものを指す「鬘《かつら》」にもなっている。

き【木】

「木」「毛」を同時に表した古代韓国語ゲ(ge)。「毛」と「木」は同根。「木」は「大地に生える毛」とみなされた。現代韓国語で「木」はナム(na-mu)だが、古くはナムゲで「生える木」の意味だった。

くさ【草】

草本。一年生植物などの、木のような木質部が形成されない植物の総称。「草取り」「草刈り」などの

ように雑草を指して単に草と呼ぶことがある。万葉仮名で「久佐」「倶佐」などと表記された。「草」は、「汚い」「汚いもの」を意味する古代韓国語グジュ（gu-ju）から生まれた。グジュはグジャ・グジともいわれた。現代語グジョブナダ(구저분하다）は「汚らしい」の意。

韓国語の濁音は日本語になると清音に変えられる（変転の法則二―①）のでグは「く」になる。韓国語のｊ音は日本語になる過程でｓ音に変えられる（変転の法則四）のでジャ・ジは「さ」になった。

グジュは日本語の「糞《くそ》」「屑《くず》」にもなっている。

こずえ【梢】

「木の幹や枝の先」のことで「木の末」の意とされている。

「木」の古音「け」は複合語の場合「こ」となる。「ずゑ」はジュルヱ。ジュル(줄)は、現代韓国語で「列」「連」「線」のことだが、古語では「茎」「幹」をも意味した。ヱは高句麗語で「端」のこと。

ジュルヱの語末音「ル」が消され、ジュヱとなり、日本では「ずゑ」「すゑ」と転訛し、「末」や「梢」になった。

「末《すえ》」とは「列の端（先端）」のこと、「梢《こずえ》」とは「木の幹の先（端）」のことを意味する。

たね【種】

種には外皮と内皮があり、その皮の中に胚乳と胚子がつまっている。種を播くと、胚子は胚乳から養分をもらい、芽と根を出す。「胚乳」の古語はジャッ。現代語はジョッ（젖）で「乳」の意。「胚子」つまり、芽・根は「出るもの」の意のネ（내）。「乳と、出るもの」または「乳から出るもの」の意の複合語ジャッ・ネ（ダッネとも呼ばれていた）が日本に渡り「たね」になった。「乳」の古語ジャッは現代韓国語では「松の実」として使われている。

チョウセンマツ（チョウセンゴヨウ）の実は、松かさが八～十六センチにもなり日本産のマツ類では最も大形で、種子も二センチほどの大きさになる。

栄養価の高い高級食材。

つる【蔓】

蔓は、他のものにからんだり地をはったりする植物の茎や巻きひげの部分。「綱」「線」を意味するジュル（줄）が、日本語の「つる」になった。

どんぐり【団栗】

「転がる」の意の古代韓国語ドングルリジの語幹ドングルリ（dong-geul-li）

語末音は消されるか、二音節に伸びて独立する（変転の法則その二）ので「ル」が消えてドングリになった。どんぐりは丸く、ころがりやすいものなので「ころがるもの」と呼ばれた。

現在は紡錘形をした堅果も「どんぐり」と呼んでいるが、元来、まん丸なクヌギの実を「どんぐり」といった。

韓国語ではクヌギを「どんぐりの木（ドトリナム・도토리나무）」とも呼んでいる。

とんぶり【トンブリ】

ヒユ科（旧アカザ科）ホウキギ属の一年草、別名、ホウキグサ（ホウキギ）の実。

ホウキグサは、名前のとおり昔は茎を乾燥して束ね箒《ほうき》として利用されることがあった。分類上、アカザ科コキア属から同科バッシア属に移されたが、現在でも旧属名のコキアの名前で呼ばれることが多い。

「丸」を意味する古代韓国語タムブラが、日本で少し変化して「とんぶり」になった。

「とんぶり」は、漢方の「地膚子《じふし》」で強壮・利尿剤でもある。小さくて丸い実は、噛むとプチプチとした歯ごたえがあり、陸のキャビアとも呼ばれている。

箒草は真っ赤に紅葉し、それが茶色になった頃がとんぶりの収穫期である。

コキアの紅葉は、水戸飛行場、終戦後アメリカ軍水戸射爆撃場として利用されていた茨城県ひたちなか市にある国営ひたち海浜公園のものが有名

（観賞用の種類）。

な【菜】

「菜」は、葉・茎などを食用とする草木類の総称。菜は地から生えるものである。自動詞ナダ（나다）には、①出る　②起こる　③生える　④現れる　⑤流れる　などの意がある。「菜」は「生える」ものなので、ナと呼ばれた。

ね【根】

「出す」の意の韓国語ネ（내）から生まれた。「根」は草木の茎や幹から下に向かって「出す」部分である。韓国語のm音・n音は日本語になっても変化しない（変転の法則その十二）。

は【葉】

「葉」の意の古代韓国語イパ。イパの語頭イが省略され、パになり、日本語の「は」になった。「葉」の現代語はイプ（잎）。

ばっけ

蕗《ふき》の薹《とう》の方言。

「お化《ば》け」の「化け」の語源は、「変《か》わる」「変える」の意の古代韓国語バケェ。現代語の動詞はバキィダ（바뀌다）。「変えたり変わったりすること」が「化けること」なのである。

蕗の薹の方言「ばっけ」は、この「化け」のこと。その姿から想像できない変身ぶりをする蕗のありさまを表したネーミングである。

はな【花】

「（花が）咲く」ことを現代の韓国語でピダ（피다）というが、古語ではプィダ、プダなどと呼ばれた。一方、「（稲などの）穂が出る」ことは、ペダ（패다）である。正しくはペナダ。このペ音は、「花が咲く」の意の古音プィに似ている。

稲などの「穂が出る」ことと「花が咲く」ことは、古代において同義と見做された。

ペナが「はな」と転音、「花」になった。韓国語のp音は日本語になる過程でh音に転じる（変転の法則その六）。

ふさ【房】

「松」の意の高句麗語・百済語ブサ（bu-sa）が日本に渡り、「房《ふさ》」「総《ふさ》」の意の「ふさ」になった。松の葉は相対した一対の葉が集まって房のようになっているので、こう呼ばれた。ブサは、現代韓国語では「筆《ふで》」の意のブッ（붓）として残っている。

ほ【穂】

「抜く」「引き抜く」「選ぶ」「長くする（伸ばす）」などを意味する動詞ポブダ（뽑다）の語幹ポプから語末音の消えたポが「ほ」になった。穂は、葉の間から引き抜かれたように（選び出されたように）長く伸びているから、ポプと呼ばれた。

まつぼっくり【松ぼっくり】

松（マツ科マツ属）の果実のようなもの（毬果あるいは球果）を指す「松かさ」の異称。松毬、松傘、松笠とも書き、松ぼくりともいう。

ぼっくりの語源は「風呂敷包」の意の韓国古語ボクリ。ボは「風呂敷」、クリは「包」のことである。このボクリが日本語「袋《ふくろ》」の語源であり、松ぼっくりの「ぼっくり」の語源である。

松の実がぎっしり詰まっている松かさの異称「松ぼっくり」は、「松袋」の意なのである。〈松ぼっくりは「松陰嚢《まつふぐり》」が転訛した語〉とネットの辞書にある。陰嚢を指す「ふぐり」の語源は「袋」の意。つまりボクリなので正解。

韓国民話「飯子菜」

春になると、飯子菜（ままこな）という草が生える。この飯子菜の花には、赤いはなびらの中に白い米粒のようなものがついている。なぜこの花に米粒のようなものがついているかというと、嫁が米を食べようとして姑に打ち殺されたのでこうなったという。それを少し詳しくはなしてみよう。

むかし、姑にいじめられて暮らしている嫁がいた。ごはんをたいているときお腹がすいて、しゃもじについたごはん粒をひろって食べたところ――ええ、女の人はよくそうするじゃありませんか――お釜の中のごはんは食べるわけにはいきませんから、しゃもじについたごはん粒をひろって食べたのを、姑がみて「どうしておまえは行儀がわるい、ごはんを炊きながら先に食べるのか」としゃもじでたたいた。嫁はごはん粒をのみこむこともできず、口にふくんだまま死んでしまった。よほどひどくたたいたんだろうね。

死んだ嫁を墓にうめたところ、その墓から草がはえて花が咲いた。その花には米粒のようなものがひとつ、くっついて咲いていた。しゃもじについたごはん粒をひろって食べたが、のみこむこともできないで姑に打ち殺された嫁の怨みが、こうした花を咲かせたのだろう。そこで、人々はその花を飯子菜と名づけたということだ。飯子菜を韓国ではミョヌリ・バブ・プル（嫁の飯草）と呼ぶ。

訳・辻井　一美

第二章　李寧熙《イヨンヒ》の語源説を紹介しながら私見を述べる

いなびかり・いなづま・いなつるびはどう違う

稲光は、雨が降り雷が鳴る中で、ギザギザ模様の線状の電光がピカッ・ピカッと光る……。この光景は余りにも鮮明で、誰しも脳裏に焼き付いて忘れることができないものであろう。

この「稲光」を、万葉学の第一人者といわれている中西進氏は、氏の著『ひらがなでよめばわかる日本語のふしぎ』（小学館）の中で、「いなびかり」は「稲（の成育を促す）光」であると断定している。そして、この時期の稲光が稲の成長を促す科学的根拠があるかのように記述している。

本当だろうか。この鮮明な光の様《さま》を表現するのに「稲の成長を促す光」とは、なにか物足りないものを感じる。

次に中西氏は、「いなづま」を「稲の夫《つま》」としている。つまり、光が夫《つま》で稲がその妻《つま》だというのである。この考えはなにも中西氏が初めていい出したものではなく、江戸時代の新井白石の辞書『東雅』ですでに唱えられている。

三番目に中西氏は「いなつるび」を「稲の交尾」だとしている。つまり、あのピカッピカッと光る光線を「稲とセックスしている」情景だというのだ。これは「稲妻」の光は夫、稲は妻としたことから思いついた考えであろう。「つるび」という言葉に「交尾」の意味はある。しかし、「光が植物の稲と交尾する」とは、一体どういうことか想像も出来ない。

これらのとんでもない解釈は、「稲」と「妻」という漢字の意味をそのまま信じるという重大な誤りを犯した結果生まれたものである。中西氏は前掲の書で、「日本語には同音異義語が多く、説明する時などは、漢字を当てないとわかりにくい。ところが、漢字はそれ自体に明確な意味があるため、あて字として使用されると本来の意味から離れてしまいます。漢字から日本語の意味を考えることをやめて、ひらがなでじっくり考えるようにしたいものです」と述べているのに。……

李寧熙女史の解釈は次の通り。

「いなびかり」は、イナビカリで「立て続けに出る光」のこと。イナはイッ（続けて）ナ（出る）で「続けて出る」。ビカリは「光」のこと。現代韓国語ではビッカル（빛깔）になり、意味も「色彩」と少しずれている。

「いなづま」は、イナチョマで「立て続けに出る庇《ひさし》（のギザギザ模様）」。このチョマが「つま」になった。庇は屋根の端にあり、屋根に葺《ふ》かれる茅《かや》などは、端を切り揃える（切妻という）と断面がギザギザ模様になる。チョマは「端の一方」を意味し、「つま（夫）」「つま（妻）」の語源でもある。

「いなつるび」は、イナジュルビで「立て続けに出る光線」のこと。ジュル（줄）は線状のものを意味する語で日本語「蔓《つる》・鉉《つる》・綱《つな》」などの語源。ビは、ビッ（빛）で「光」のことである。

ちなみに「つるむ」の語源は、古語ドウルムで「連なる」「建ち並び」の意味である。……

中西氏ほか万葉学者たちは、李寧熙女史の『万葉集』の解釈をエロだといって批判した。「光が稲とセックスする」は、それこそエログロナンセンスではないのか。

表向き露骨なセックス描写に見せかけ、実は政治的なメッセージ・檄《げき》・暗殺計画などを伝えるのが『万葉集』の真の目的なのである。

中西氏は、一九二九年生まれ。日本を代表する文学者・比較文学者・万葉学者で、奈良県立万葉文化館館長など多くの役職に就き、文化勲章など輝かしい受章歴を持つ、日本の頭脳である。

しかし、また中西氏は、言葉を操《あやつ》る達人。いや、言葉をこじつける達人である。氏の『ひらがなでよめばわかる日本語のふしぎ』の中に身体語「め」「みみ」「はな」の語源が書かれているので、以下に記す。李寧熙女史の語源説と比較していただきたい。


「め」「はな」「みみ」とひらがなでよくよく見てみると、身近にある、何かと似ていることがわかります。植物です。芽、花、実、すべてがある。目は「芽が出る」の芽、鼻は「花が咲く」の花と同じ音。では耳はどうかというと、「実がなる」の「み」が二つくっついている。そういえば、耳は二つありますね。それから「は(歯)」は「葉」と同じ音でしょう。

つまり、顔の中になぜか、植物の成長過程あるいは部分の名前が入っている。これはおもしろい偶然の一致だと思ってきたのですが、どうも偶然ではなく、根拠のあることだと思うようになりました。


李寧熙解読は第二部第一章「身体語」の項〈目(八十三ページ)、鼻(七十八ページ)、耳(八十二ページ)、歯(七十八ページ)〉及び「植物関連語」花・葉(一五二ページ)をご覧いただきたい。

「耳」のつく神や人物の正体

『古事記』や『日本書紀』には、「耳」の名のつく神々や人物たちが登場する。例えば、大神《おおみわ》神社(奈良)の御祭神・大物主大神の妻となる活玉依《いくたまより》毘売《びめ》の父は陶津耳命《すえつみみ》である。神武天皇の皇子には神八井耳《かむやゐみみ》・神沼河耳《かむぬなかはみみ》命（綏靖《すいぜい》天皇）がいる。

日本民俗学の大家であった谷川健一氏は、氏の労作といわれた『青銅の神の足跡』（集英社）の序説「耳と目の結婚」の中で、次のように述べている。

「耳族の出自と鍛冶技術との関わり」

……では、先住の南方系の海人族にどうしてミまたはミミという名前がつけられていたのであろうか。それは拙著『黒潮の民俗学』（筑摩書房刊）の中の「耳という名」「隼人の犬吠え」などの項でふれたところであるから、ここにはごく省略した形で述べておくにとどめる。

私の考えでは、その南方種族というのは揚子江沿岸から海南島にいたる中国南部に住む海人族であり、彼らは常時大きな耳輪をさげる風習を持っていた。その習俗は日本列島に渡来してからもなお持ちつづけていたので、多くの人々の目を引き、ミまたはミミの名をもって呼ばれていた。……

つまり谷川氏は、耳輪をさげる人々だからミミと名がついたというのであるが、果たしてそうだろうか。

▼「チ」とは

日本の隣国である韓国では、古代、チ（chi）という言葉があり、「王」「貴人」「主人」など、身分の高い人を呼ぶ尊称としていた。これが人の移動とともに日本列島にも伝わったが、次第に反対に身分の低い者の呼び名にもなり、今日もその名をとどめている。

チは日本では、「ち」のほか、「ぢ」「じ」「ぞ」「し」になり、更に「つ」にもなっている。以下、その中のいくつかの例を示す。
「ち」：①ちち　②かぬち　③じゅち
「ぢ」：④おほぢ　⑤をぢ
「じ」：⑥あるじ　⑦とじ
「ぞ」：⑧えぞ
「し」：⑨うし
「つ」：⑩やつ

①ちち（父）　韓国古語チ（chi）から。日本では「ち」だけでも「父」の意味があったが、強調のため「ちち」と重ね、「知知」などと表記した。

②かぬち（鍛人・鍛冶に従事する人）の意のガヌンチから。ガヌンは「(鉄を）磨《と》ぐ」、チは「貴人」「(鉄を）磨ぐ貴人」「鍛冶匠」。

③じゅち（王）ジュチ（ju-chi）は「王」の意味。「主智」などと表記された。素戔嗚によって八岐大蛇から救われた櫛名田比売《くしなだひめ》の父足名椎《あしなづち》、母の手名《てな》椎《つち》の「椎《づち》」がこれである。アシナジュチとは「女人国の王」の意。

④おほぢ（祖父・「おほちち」の略。父母の父）オボチから。オボは「大」「親」、チ（父）は「ぢ」。オボチは「大父」「親父」。

⑤をぢ（叔父・父母と同じ年配のよその男を親しんで呼ぶ語。小父）古語アジェ（a-jae）から。現代語はアジョッシ（아저씨）。

⑥あるじ（主・一家の長・家の主人）アルチから。アル（al）は「粒（砂鉄）」、チは「貴人」。「鍛冶集団の親方」「主人」「主君」。

⑦とじ（刀自・一家の女主人の敬称。「刀自」は当て字）古語トジュ（「所主」と吏読表記）から。意味は「家主・家の守り神・土地主・その地方の有志」。

⑧えぞ（蝦夷・アイヌ民族。平安中期以降の称）ヱエジから。ヱエは「濊《ヱエ》」、ジはチ「者」。「濊の者」。

⑨うし（大人・領主や貴人の敬称）ウジから。ウは

「上」、ジ（チ）。「人」が「し」に。「上の人」の意。

⑩**やつ**（奴・人や動物を卑しめていう語）ヱェチから。「濊の者」の意。

神八井耳命と多臣品治

神八井耳《かむやゐみみ》命は、神武天皇の皇子とされている。神武天皇崩御後、庶兄《いろね》の当芸志美美《たぎしみみ》命反乱の際、弟の神沼河耳《かむぬなかはみみ》命に「兵を興して当芸志美美を殺せ」といわれるが、手足がわなないて殺すことが出来なかった。そこで神沼河耳は兄の弓矢で当芸志美美を射殺し、神八井耳命から天下を譲られた（綏《すい》靖《ぜい》天皇条）。神八井耳命自身は、その後、弟を助け忌人《いはひ》として仕えた。

多臣品治《おほのおみほむち》は、多臣蔣敷《こもしき》の子。壬申の乱（六七二年）で吉野側の武将として活躍したが、持統十年、「直広壱の位」と贈り物が与えられた後、姿を消す。

『古事記』の撰者太朝臣安麻呂《おほのあそみやすまろ》は、品治の子とされている。

李寧熙女史によると「八井耳」はパルウムジとよまれる。「ふいご王」すなわち「製鉄王」と見做される名前である。品治もプムジとよまれ、やはり「ふいご王」の意味である。

綏靖天皇は天武天皇のもう一つの顔で、綏靖が庶兄当芸志美美を殺す場面は、天武が中大兄こと天智を殺害した状況を描写したものである。『書紀』では天智は天武の兄とされている。神八井耳も綏靖の兄。品治は天武の皇后持統の兄なので、天武にとっても「兄」。神八井耳命と多臣品治とは同一人物である。

八井耳の「耳」も品治の「治」も、チ・ジで「王」のことである。

李寧熙女史のその後の追求では、多臣品治は修験道の祖とされる役行者《えんのぎょうじゃ》の父と判明している

（『まなほ』第三〇号）。天武による壬申の乱での執権も、品治の助力なくしてはなし得なかった。

アメノヒボコと太耳

『日本書紀』垂仁天皇三年条に新羅王子天日槍《あめのひぼこ》の来日が記されている。天日槍は羽太玉などの玉三個、刀一振り、両刃の槍《ほこ》一振り、鏡一枚、祭祀用具熊のひもろき一揃《ひとそろ》いなど、七種の神宝を持って来た（大鉄刀一振りをはじめとする八種の神宝であったともされる）。これらの宝物は、全て但馬《たじま》国（今の兵庫県）出石《いずし》にもたらされ、神宝とされた。天日槍を主祭神として祀る式内社・但馬国一宮・出石神社（兵庫県豊岡市出石町宮内）では、神宝を八種とし「出石《いずしの》八前《やまへの》大神《おほかみ》」として祀っている。

一方、韓国の史書『三国遺事』（一然、一二八五年）には、日本へ渡って王と王妃になった延烏郎《ヨンヲラン》と細烏女《セヲニョ》の話が記録されている。二人は日と月の

韓国浦項市の延烏郎・細烏女銅像

精であり、二人のいなくなった新羅から日と月の光が消えた。これは、製鉄技術者がいなくなったことを表す話である。新羅王の懇願で「細烏女の織った絹」が新羅にもたらされ、それを祀ると日と月の光は戻ったとされる。絹布には製鉄のノウハウが記されていた。

李寧熙女史によると新羅王子アメノヒボコは、この延烏郎であり、第四代新羅王、昔脱解《ソクダルヘ》の孫で、第八代伐休王《ボルヒュワン》の兄である。昔氏復権のため、日本で鉄作りをした。

アメノヒボコは、但馬国に至って出嶋人太耳《ふとみみ》(前津耳《さきつみみ》)の娘、麻多烏《またお》を娶り、多くの子孫を残した。三宅連《むらじ》の祖、田道間守《たじまもり》は、その五世の孫であり、息長帯《おきながたらし》比賣《ひめ》(神功皇后)は、七世の孫である。

太耳とは、「多氏系の王」のこと(太は「おほ」である)。多氏は濊系の高句麗人。アメノヒボコは昔脱解の孫だから、濊系の新羅人となる。アメノヒボコと麻多烏は、濊系の者同士の結婚であった。

ここでも、「耳」は「王」として登場する。

百舌鳥耳原

二〇〇一年七月十六日、李寧熙女史と「李寧熙後援会」会報『まなほ』編集長、辻井一美《ひとみ》さんを、大阪府堺市大仙《だいせん》町にある仁徳天皇陵に案内した。

この陵《みささぎ》は墳丘の全長四八六メートルで日本最大の前方後円墳。三重の周堀を巡らし、五世紀中葉から後半期の築造と考えられている。百舌鳥《もず》台地の一帯は、この仁徳陵を中心にして百基を超える古墳が築かれ、百舌鳥古墳群と呼ばれている。

李寧熙女史は、この場所に立って、鳥の「百舌《も》鳥《ず》」の語源と、この陵が何故「百舌鳥耳原陵」と呼ばれるかについて解読した。

宮内庁が立てた看板に「仁徳天皇百舌鳥耳原中陵」とあった。百舌鳥耳原のいわれは『日本書紀』

に「……陵の工事をしているとき、鹿が野から走り出て、工事をしている人の間に入って倒れた。鹿の耳から百舌鳥が飛び去ったが、鹿の耳が喰い裂かれていたので百舌鳥耳原と名付けた……」と書かれている。

李女史は「百舌鳥は『集め』の意のモドゥから付けられた名前ですね。獲物を集める習性から付けられた名前なのでしょう」といった（捕まえた昆虫や蛙、とかげなどをカラタチの棘や木の枝などに突き刺す百舌鳥の習性は「百舌鳥の速贄《はやにえ》」として有名である）。また「『百舌鳥耳原中陵』の『耳原』は、ジボヲル。ジはチと同語で『王』『神』のこと。ボヲル（벌）は『原』。つまりジボヲルとは、『王の原』を表す言葉である」と解いた。

百舌鳥は「集め」の意だから、「百舌鳥耳原」とは、「集大成王の原」「王家の墓を集めた原」という意味になる。ここでは「耳」は地名として使われ

仁徳天皇百舌鳥耳原中陵前の李寧熙女史

ているが、やはり「王」を意味する言葉であった。

「耳川」と「美々津」

耳川は、九州中央山地の三方山《さんぽうさん》（海抜一、五七八メートル）に発して東流、日向《ひゅうが》の美々津《みみつ》付近で日向灘に注ぐ。別名美々津川。長さ九一キロメートル（『日本地名事典』三省堂）。

耳川河口の美々津（宮崎県日向市美々津）は、「神武天皇お船出の地」とされている。神武天皇率いる水軍がこの地より東征に出発したとの伝説が残り、それにちなんで昭和十七年に建立された「日本海軍発祥之地の碑」が立つ。すぐ横の立磐《たていわ》神社境内には「神武天皇御腰懸磐」もある。

李寧熙女史によれば、この「耳川」の耳も「水見《みずみ》」つまり「水を治める者」を表す。「みかど」同様「帝《みかど》」つまり「天皇」を指称する言葉。水を支配する最高権力者が帝《みかど》であったからだ。

日本海軍発祥之地碑

『日本書紀』の神武天皇は、天武天皇のダブルイメージである。神武天皇こと天武天皇が、ここから東に向かったことになる。

「耳」の字は、身体の部位「みみ」の意で用いられたものではない

神名・人名・地名に見られる「耳」は、身体部位の「みみ」の意味で用いられたものではなかった。知・智・耳・治・遅などの漢字が「王」「貴人」の意の韓国語チ（chi）を表記するのに用いられたが、その代表といえるものが「耳」であった。

「王」「貴人」のチ・ジを「耳」という漢字で表記、それを日本式に「みみ」とよんだが、ミミには「水見」「水を治める」つまり「統治」の意味があった。

日本と韓国の間で通用した言葉を知ろうとせずに、漢字の意味に頼って解釈しようとすると、大学者といえども大きな誤りを犯すことになる。

やまと言葉の語源をたどる

Ｉ　七つの「な」

李寧熙女史によると、日本語の七つの「な」が、韓国語から来ている。これは、やまと言葉のルーツが韓国語にあることの有力な証拠ではないか。以下、李寧熙後援会が出版した会報『まなほ』第五三号（二〇〇八年弥生）に掲載された女史の説明を、一部省略して紹介しよう。

▼な（名・菜・魚・肴・無・己・汝）

日本語の辞典類を見ると、「な」という単語の多いことにあらためて驚く。名詞、代名詞をはじめ、動詞・助動詞・助詞・間投助詞・接尾語・感嘆詞に至るまで、「な」がずらりと並ぶ。

これらの「な」の語源を一つ一つ解く前

に、古語であり現代語でもあるナという韓国語の語義に迫ってみよう。

人称代名詞ナ（나）― 私・僕・俺《おれ》など。

自動詞ナダ(나다)―①出る ②起こる ③生《は》える ④現れる ⑤流れる ⑥出回る ⑦（時間・空間的に）空《あ》くなど。

(1) 名《な》

「名《な》」は、「①事物および人の名称。名前。②評判・名声・噂……」をあらわす（『古語大辞典』・小学館）という。

名前は根源的に「出る」「出回る」ことを前提とする。良かれ悪しかれ「出ない名前」「出回らない名前」は無きに等しい。評判・名声・噂《うわさ》がこれを裏付けする。

日本語の「名《な》」の語源は、①出る ⑥出回る」の義の韓国語ナに根ざす。

(2) 菜《な》

「菜」は「葉・茎などを食用とする草本類の総称で、今は主としてアブラナ類の植物、すなわちアブラナ・コマツナ・ハクサイ・キョウナなども指す」（『広辞苑』岩波書店）という。

草本類はすべて「生《は》える」ものである。③「生《は》える」の義のナが、「菜《な》」の語源である。

(3) 魚《な》

食用とする魚類もまた「な」である。

「菜」も「な」、「魚」も「な」だが「魚」の方の「な」は③「生える」のナではない。

魚《な》の語源はナㇽつまり「生《なま》」をあらわす言葉である。このナㇽから語末音が消え、「な」という日本語に生まれ変わったのが「魚」の「な」だ。

ちなみに日本語「生《なま》」の語源はナルマッ。ナルは「生《なま》」、マッは「味」のこと。「生《なま》」とは「生味」のことなのである。

(4) 肴《な》

「肴《な》」もまた「な」であるのは、何故か。酒やご飯に添えて食べるものの総称が「肴」である。

要するにおかずのことだが、おかずは主に菜《な》か魚《な》である。従って「肴」もまた「な」と呼ばれることになったのであろう。

(5) 無《な》

「無《な》」の語源は①「出る」であると同時に⑦「空《あ》く」の意のナである。

「出る」と「空く」は一見反対概念のように見えるが、根本的には同一概念といえる。「無」は、存在するものがすべて「出」払い残らず無くなる状態を意味する。「出」イコール「無」なのである。

(6) 己《な》・(7) 汝《な》

漢字「己」は音読みキ・コ、訓読み「おのれ」。古代の土器の模様の一部で、屈曲して目立つ目印の形を描いた象形文字。人から呼ばれてはっと起立する者の意から、おのれを意味することになった。(『学研漢和大字典』)

漢字「汝」は音読みジョ・ニョ、訓読み「なんじ」。意味は「なんじ・きみ・おまえ・おまえたち」。

「己」と「汝」は反対の意味の漢字である。ところが『広辞苑』には次のように記されている。

な（己・汝）＝①自分。おのれ。②転じて、おまえ。なんじ。なれ。いまし。「自分」が転じて「おまえ」になったとして「自分」も「おまえ」も同義語として扱われている。

これは「おまえ」「汝」の意のノヲ（너）と自分の意のナ（나）が似た音で、区別しにくかったためで、「自分」が転じて「おまえ」になったというより、ノヲ（おまえ）がナ（自分）になったのである。

今でも関西などでは、相手のことを「自分」「おのれ」「我」などと呼んでいる。

Ⅱ　五つの「たたき」

日本人は、「たたき」といえば「叩《たた》き」しか思い浮かばない。たいていの日本人は、「鯵《あじ》のたたき」は「鯵の身を叩いて調理するから」と思っている。

①鯵《あじ》の「たたき」②叩き、敲《たた》きの「たたき」③鰹の「たたき」④土間《どま》の「たたき」について、李寧熙女史は『フシギな日本語』（文藝春秋、一九九二年）の中で詳しく解説している。その内容を要約して紹介しよう。

(1) 鯵《あじ》などの「たたき」

鯵のたたきは身を叩くのではなく、包丁《ほうちょう》で細引きし、寸法をつめて盛って出す。

韓国語のダダギィ（다다귀）は「（花や木の実などが）たくさんついているさま」「鈴なりになっているさま」の意。

ダダギィと同類語の副詞ダダグダグ（다닥다닥）は「多くのものがついているさま」を、動詞のダグチダ（다그치다）は「詰める」を意味する。

鰺の身を細かく切って寸法をつめて出す。……すると、お頭つきの骨の上で、鰺はまるで鈴なりの木の実のように見える。ダダギィつまり「たたき」の状態である。

(2)「叩く」の語源

「音がするほどつづけて引っかくさま」をあらわす副詞ダグダグの動詞はダダグチダ(다닥치다)で「ぶつかる」の意。この動詞の語幹はダダグ。その古語ダダグが、日本語「叩く」「敲く」の語源である。

またダクダクの古語ダクダグは、現在「啄木鳥《きつつき》」の意のタクタグリ(딱따구리)という韓国語に残されている。リは古語や方言などに常用されている接尾語。

(3) 鰹の「たたき」

鰹の「たたき」の語源は「ぎゅうぎゅうの目にあわせる行為」(または「もの」)の意のダクダルギ(dag-dal-gi)。

ダクダルギという言葉は、「磨《みが》く・拭《ふ》く・平《たいら》に均《なら》す・修練する」のダクダ(닦다)と「火で熱する・焼く」のダルグダ(달구다)の複合動詞が名詞化されたもの。

つまり、鰹の「たたき」とは、火にあぶったり冷水につけたりして、「ぎゅうぎゅうの目にあわせた」鰹のことである。

(4) 土間の「たたき」

この「たたき」は「三和土」と漢字表記されている、コンクリートや土を固めて平らにした土間のことである。

ダクダルギには、「ぎゅうぎゅうの目にあわせる行為（または「もの」）」の他に、「念入りに拭き立てる行為（または「もの」）」の義がある。玄関などの「たたき」は、「平らにならし」かつ「念入りに拭き立てた（または「磨きたてた」）」ものだ。

(5)「しごき」の「たたき」

ところで、李寧熙女史が触れていないもう一つの「たたき」がある。

「しごき」の「たたき」である。

鍛錬することを「叩く」という。軍隊などでは寒くても泳がせ、暑くても走らせ、肉体と精神を鍛え訓練する。「暑いの」「寒いの」といっている人間の性根を「叩き」なおすのである。

「しごく」の意で使われている動詞「たたく」の語源も「鰹のたたき」「牛肉のたたき」などと同じダクダルギと思われる。

「しごき」はまさに「ぎゅうぎゅうの目にあわせる」ことではないか。

Ⅲ 五つの「は」

日本語の「は」には、「端」「葉」「歯」「羽」「刃」がある。古代人は、「は」という音を聞いただけで、この五つの「は」の意味を聞き分けていたのだろうか。それともそれぞれに異なった音があって、それが「は」に単純化され、今日《こんにち》に至っているのだろうか。いずれも李寧熙説である。

(1) 端の「は」

端は「は」とも「はし」ともいう。「端」を意味する韓国古語バッ(bad)が日本に伝わって「は」になり「はし」になっている。

韓国語の語末音は、日本では省略される（変転の法則その一―①）か、母音を加えてもう一音節の語になる（変転の法則その一―②）。バッは、「は」にも「はし」にもなるのである。なお、韓国語のｂ音は日本ではh音になる（変転の法則その六―①）。

同じ「端」を意味する百済系の古語にアッ（ad）があり、これが日本で「あ（足の古語）」「あし（足）」になっている。足は身体の端にあるので、端の意味で「あ」「あし」と呼ばれたのである。

(2) 葉の「は」

葉《は》の現代韓国語はイプ（잎）だが、古語はイパだった。イが脱落して「は」になった。韓国語のp音は、日本ではh音になる（「変転の法則」その六―②）。

(3) 歯の「は」

歯は、食物を口中で細かく噛み砕いて飲み込むための器官である。

「砕く」という意味の韓国語パッが「は」になった。現代語も、パッタ（밧다）は「砕く」である。

(4) 羽の「は」

「羽《はね》」は韓国古語でペ・ペネ（pae-nae）と呼ばれていた。現代音ではピョ・ピョネ。「鳥などが羽を広げること」の意の動詞はピョダ（펴다）。ペがパになり「は」に、ペネがパネになって「はね」になった（「変転の法則」その六―②）。

(5) 刃の「は」

刃は、ものを切る道具の鋭い部分のこと。「切」「刈」の意のベ（be）が、「刃《は》」になった。現代語も「切る」はベダ（베다）である。

Ⅳ 相撲の「はっきょい　のこった」は高句麗語

(1) 儀式用語はそのまま残る

古代韓国語の儀式用語の大部分は、そのまま今日の日本語になっている。例えば儀式用語の一つ相撲言葉は七世紀の高句麗言葉であるが、現代の日本の相撲用語に根強く残されている。「はっきよい　のこった」もその一つである。

(2)「すもう」の語源

相撲用語に入る前に、まず「すもう」という言葉の語源について李寧熙女史の説を紹介しよう。

相撲は、『日本書紀』には「すまひ」とふりがなが付けられている。「すまふ」という表記もある。

漢字では「相撲」「角力」「角觝」「須埋」「須末比」などと表記された。

「すもう」は「すまひ」が変化したもので、「相争い」「相争う」の意の古代韓国語サマビがその語源である。詳しくは「サーム（戦い）・アブル（あう）」という複合語である。

「争い」「戦い」「喧嘩」の意の名詞サウム（싸음）の古音はサホム（ssa-hom）だった。韓国語のh音は日本に渡るとたいがい消されたので、サホムはサオムになり、さらに子音の下につく母音のo音はh音と共にほとんど脱落したので、サオムはサームに近く発音された。

アブルは「一緒になる」の意。「逢う」「合う」「会う」「二つ以上のものが一緒になる」の意の日本語「あう（あふ）」になった言葉である。

サームの語末音「ム」がアブルのアと連音してサーマブルと発音され、さらにブルの語末音が消されてサーマフになる。

韓国語のサ音は日本に渡るとたいてい「す」に変えられる。サーマフがスーマフになり、やまと言葉「すまふ」が誕生する。

「すまふ」は「戦いあう」、その名詞形の「すまひ」は「戦い(争い)あうこと」。一方、「相撲」と同音の言葉「すまひ(住まひ)」とその動詞形「すまふ(住まふ)」は「一緒に・住む」つまり「同棲」の意のサマ・アブルから変化した言葉。

日本語の「相撲(すまひ・すもう)」と同棲の意の「住まい」「住まふ」は語源が違う別の言葉なのだが、音が同じなため『日本相撲史』(酒井忠正、大日本相撲協会、一九五六年)では両者を混同してしまっている。

(3)「はっきよい のこった」の語源

日本人は、「はっきょい」は「魄気良《はくき》い」または「八卦《はっけ》良い」、「のこった」は「残った」と理解している。

しかし、「はっきょい のこった」は、勝負が始まり行司が軍配を引く時点ですでにいわれている。土俵ぎわに詰まってから「残った」ならともかく、スタート時点で「残った」はおかしいではないか。

「はっきょい」の語源はハギヨ(ha-gi-yo)で、「しなさい」「やりなさい」の意味である。ハギヨイ!とイを入れると強調語となる。ハギヨイ!は、「やれ!」「始め!」ということなのである。高句麗系の言葉で、現在の平安道など、西北地方の方言でもある。

「のこった」は、日本人には「残った」と聞こえるが、ノヲムグダ(neom-gu-da)で、「倒せ」の意。ノヲムグダのノヲムは「越える」「越す」の韓国語ノヲムダの語幹と同じ言葉。これも高句麗語で、現在の平安道地方の方言でもある。

「倒す」という行為は、横倒しにすることであると同時に、自分の肩越しに相手を投げ倒すことでもある。

韓国の相撲シルムでは、しかり組み合った姿勢から始まるので、まず自分の足を相手の股の間に差し入れ、相手を押し倒す努力をしなければならない。

あくまでも「倒す」のである。シルムでは日本の相撲のように、土俵から押し出して勝負が決まるということはあり得ない。シルムという言葉自体「倒すこと」を意味する。

(4)「ダガダガ、ダガラ……」とは

相撲用語の中で一番不思議なのは、力士の動きが止まった時、行司が発する「ダガダガ　ダガラ……」という正体の知れない掛け声である。日本人はこれも「のこった、のこった」と聞いている。

ダガ（da-ga）は「詰め寄れ」「近づけ」、ダガラ（da-ga-ra）は「詰め寄れよ」「近づけよ」で、より確実な命令形である。　現代語とまったくの同音同義。

要するに行司は、

「ハギヨイ（さあやりなさい）、ノヲムグダ（倒せ）、ダガダガ（詰めて　詰めて）、ダガラ（詰め寄りなさい）」といっているのである。

日本の相撲は、高句麗の相撲「角抵《カクジョ》」の影響を強く受けている。

四世紀のものと思われる高句麗古墳「角抵墳」（中国北東部通溝所在）の壁画には、組み合っている力士や、行司が生き生きと描かれている。ちょんまげを結《ゆ》った髪型はじめ、前垂れのようなさがりまで、今

の力士の姿そっくり。もう一つの高句麗古墳長川《ジャンチョン》一号墳の壁画には、日本の相撲と同じスタイルで、四股《しこ》を踏む力士も描かれている。

角抵墳壁画

以上は、会員誌『記紀・万葉の解読通信』（No.26）（一九九二年二月号）、会報『まなほ』第十八号（二〇〇二年皐月）第八〇号（二〇一二年長月）などからまとめた。

相撲のルーツはモンゴルといわれ、それに関連する言葉は人と共に韓半島に伝わり、さらに日本に伝わったとされている。言語学上、モンゴル語・朝鮮語・日本語はウラル・アルタイ語族に属し、同系統である。

V 保食神の死体から生まれ出た農産物

日本人と韓国人が、いかに密接に繋がっていたか。その一例を、李寧熙女史著の『日本語の真相』から一部省略して紹介しよう。

『日本書紀』神代記に、穀物の起源に関する神話が掲載されています。月夜見尊《つくよみのみこと》が殺した保食神《うけもちのかみ》の死体からいろいろな農産物が生まれ出たという、あの有名な記述です。

「……保食神は本当に死んでいた。ところがその神の頭に牛馬が生まれ、額の上に粟が生まれ、眉の上に蚕が生まれ、眼の中に稗が生じ、腹の中に稲が生じ、陰部に麦と大豆と小豆が生じていた。天熊人《あまくまひと》(神にえる米を作る人)は、それをすべてとって持ち帰り奉った……」(『日本書紀・全現代語訳』宇治谷孟訳・講談社)

このくだりについて『日本書紀』(『日本古典文学大系』岩波書店)は「牛馬・粟・蚕・稗・稲・麦・大豆・小豆が生るとあるが、これらの生る場所と生る物との間には、朝鮮語ではじめて解ける対応がある」と注を入れています。

これにカタカナを加えてご覧に入れましょう。

頭(マラ)と馬(マル)

顱(チャ)と粟(チョ)

眼(ヌン)と稗(ヌイ)

女陰(ポーティ)と小豆(パト)

そして、「これらは古事記の場合には認められない点で、書紀の編者の中に、朝鮮語の分る人がいて、人体の場所と生る物とを結びつけたものと思われる」と結論づけています。

大体あたっていますが、脱落している部分があるので、この際、補充しておかねばならないようです。

まず「その神の頂に牛馬なるあり」という最初の一行。

「頭はマラで馬もマルだ」とした注は正解ですが、牛に関する説明が抜けています。この重要な部分を飛ばしてはいけません。

「頂」は古代韓国語でソシマラまたはソシ

マㇽ・ソシマリ。「聳えている頭」つまり「頭頂」の意です。現代語でソッマル。この「聳えている」の意のソシのソに「牛」のソ（古形でセとも呼ばれた）をあてているのです。

一方、「シ」は「……の」という所有格を示す言葉でもあるので、ソシマラ・ソシマㇽ・ソシマリは「牛の頭」の意にもなります。

素戔嗚尊《すさのおのみこと》は新羅の「曾尸茂梨《そしもり》」に降ったとされています。この「そしもり」なる所は、おそらく新羅の都「徐羅伐《ソラボル》」であろうとよくいわれているようですが、私は「牛の頭」と呼ばれた山（現在の慶尚北道伽耶山は、古くは牛頭山と呼ばれた）ではないかと見ています。このあたり一帯は、古代の製鉄地でした。素戔嗚尊が別称「牛頭天王」であったのは、「牛頭山」とのかかわりがあったと思われるからです。

そして、この「牛」の意であったセは「鉄」をあらわす言葉でもあります。「牛頭天王」とは「セ（鉄）マラ（王）」のことなのです。

要するに、『日本書紀』の記述者は、「頂」の意のソシマラ・ソシマㇽからソ（牛）とマㇽ（馬）が生まれたと洒落《しゃれ》ているわけです。

「釈注」は、「眉の上に蚕が生まれた」としてある部分にも触れていません。

「眉《まよ》」は古代韓国語の、「丸くて固まったもの」の意のマンオㇽであり、「蚕《まよ》」もまたマンオㇽだったので、この二つの単語はぴったり同音同義語です。したがって、「マンオㇽ（眉）からマンオㇽ（蚕）が生まれた」

と洒落て得意になっているわけです。

また「釈注」は、「陰《ほと》」をポーテとして、「小豆」のパトにあてています。「小豆」の古音はポトですから、ボデ・ボディ(女陰)に通じる音であることは確かです。

一方、「女陰」はボデ・ボディ、「麦」はボリであったので、「ほと(ボデ・ボディ)から麦(ボリ)が生まれた」となぞらえてもいるのです。

「ほとに麦および大小豆《まめあずき》生れり」とした、この最後の部分は、おろそかにされない記述です。

麦だけではない、小豆だけでもない、「麦、大豆、小豆」の三種類をきちんとそろえて挙げているのです。

では、「ほと」と「豆《まめ》、小豆《あずき》」はどういう関連があるのでしょう。

「女陰」は腎臓につながる器官です。

「ほと」は、特に内部的な女陰をあらわすもの。

この腎臓の韓国語がコンパト(콩팥)で、大豆はコン(콩)、小豆はパト(팥)。驚くべきことに、腎臓のコンパトと大・小豆のコン・パトはまったくの同音なのです(古音ではコン・ポト)。

「腹」と「稲」の場合も、両語とも「ベ」としなければならないようです。

「稲」をビョ(벼)とする発音は現代のものであって、古音はベなのです。「腹」もベ「稲」も「ベ」なので、記述者はこの両者を対応させて面白がっているのです。

巧みでユーモラスな書きっぷり。しかし、これは単なる文学的技巧を自慢するため、または洒落を楽しむためだけのものではなく、「農耕文化が韓半島から導入された」事実を主張するための、まことに強烈な記述であったと私は判断します。韓国語同士で、農作物の生まれた場所と、生まれた農作物とを、徹底的に対応させているこの心憎い表現。「編者の中に、朝鮮語の分る人がいて」どころか、編者は根っからの朝鮮人たちであったのです。私は、このくだりに、朝鮮民族の根強くも激しい歴史的特質をひしひしと感じます。

……

額に粟が生じた

李寧熙女史が韓国で出版した『歌う歴史』（原題ノレハヌンヨクサ・노래하는역사、朝鮮日報）には「顱（チャ）と粟（チョ）」（額から粟が生じた）という部分についての解読が載せられている。

……次は「額に粟が生じた」という所だ。

「額《ひたい》」は現代韓国語でイマ（이마）。日本の古語では「ひたひ」だった。日本式吏読である万葉仮名では「比太飛」と表記した。この「ひたひ」という言葉を古代韓国語が日本語になり変わる変転の法則に代入してみよう。韓国語のｂ音は日本語のｈ音になり、韓国語のｄ音は日本語のts音になる（変転の法則その五）ので「ひたひ」はビダビ・ビドビになる。さらに、韓国語のｄ音とｊ音は相互交替するので、ビダビ・ビドビはビジャビ・ビジョビにもなる。これは「狭いもの」という意味の韓国語である。額は「狭苦しい身体の部分」という意味でこのように呼ばれていたのである。「狭いところ」すなわちジョブウンデからジョブ（jeob）（「粟」の意の韓国語ジョ

の古語）が生えたというのもこれでぴったりだ。

（訳辻井一美）

ここで、追加の説明をしたい。この後の追求で、素戔嗚は高句麗と百済を実質的に建国した卒本《ジョルボン》扶餘の女性権力者召西奴《ソソヲノ》の長男沸流《ビリュ》であることが判明した。高句麗人だったのである（『まなほ』第二四号など）。素戔嗚の名前スサノヲは「召西奴の男（「男の子」つまり「息子」の意）」または「砂鉄野の男」の意で、母の名召西奴つまりソソヲノ（「砂鉄野」の意）をなぞっている。「素戔嗚」を韓国式漢字の音よみでよんでもソジャノとなり「鉄城生み王」「鉄国建国王」の意味になる。

VI 漢字の韓国音から日本語になった言葉

最初の1、2は、李寧熙女史が指摘したもの。後の3〜10は私が考えついたもので、間違いもあるかも知れないが、参考までに書きとどめた。

1：土地（とち）
韓国音トジ（to-ji）→つち「土」

2：魚（うお）
韓国音ヲ（eo）→うを「魚」→うお「魚」

3：枷鎖（かさ）（首かせと鎖。罪人の自由をうばう道具）
韓国音ガスェ（ga-swae）→かせ「枷」、かし「枷」

4：土器（どき）（釉薬を用いない素焼の器物）
韓国音トギ（to-gi）→つき「坏」（飲食物を盛るのに用いた椀形の器。初めはすべて土器であった）

5：氷魚（ひを、ひうを。あゆの稚魚。現代語ひお、ひうお）
韓国音ビンヲ（bing-eo）→ひを（古語）、ひうお「氷魚」

6：冊机（冊＝書物、机＝つくえ）
韓国音チェクグェ（책궤）→つくえ「机」
韓国で冊床チェクサン（책상）は「机」のこと。

冊は書物、床は「家の中の、地面より高くして板を張った所」。

7：杓杓（杓＝ひしゃく）

韓国音ピョジャク(pyo-jag)（ピョ・ジャクいずれも「杓」の韓国音）→ひしゃく。ひさご。韓国語のp音は、日本でf音に変わることがある。ピョは拗音なので発音しにくく、「ひ」と発音したと思われる。またjagは「しゃく」にも「さご」にもなりうる。

8：雪隠（せっちん）（セツインの連声。漢字熟語ではない。便所。かわや）

「雪」の韓国語はヌン（눈）。「大小便をする」を意味する動詞ヌダ(누다)の語幹もヌン。その上、雪には「雪辱《せつじょく》」の熟語があるように「雪《そそ》ぐ」「洗う」の意味があるので、韓国語に通じた知識人が、厠《かわや》の字を避けて、「雪に身を隠す所」「雪隠」と洒落たと考えられる。

9：闇（やみ）（暗いこと。くらやみ。光のないこと）

韓国音アム(am)→やみ「闇」（アがヤに転じ、「ム」に母音イ（-i）が付いて「やみ」になった）

10：銜（はみ）「くつわ」（馬の口にくわえさせて手綱をつける金具。くつばみ）

韓国音ハム(ham)→はみ(hamに母音iが付いてハミになった)ハムは「食《は》む」（口に物をくわえる）の語源のようにも思える。

Ⅶ 「さん」と「さま（様）」について私見を述べる

(1)「さん」と「様」の不思議

『広辞苑』には、「さん」は接尾語で、サマ（様）の転。①人名などの下に添える敬称。「さま」よりもくだけたいい方。②丁寧にいう時につける語。「御苦労―」「お早う―」とある。

また「さま」は「様」「状」「方」と漢字表記され、接尾語としては、①（ザマとも）その方向。その方面。②氏名・官名・居所などの下に添える敬称。

③（略）④丁寧にいう語。「お待遠――」「御苦労――」とある。

「さん」には相当する漢字がなく、「様」は敬称とされながら、漢字「様」にそのような意味はない。これは一体、どうなっているのであろうか。

(2)「さん」は「上」の韓国音だという説

李寧熙女史著の『天武と持統』（文藝春秋、一九九〇年）に、「上」について次のような説明がされている。

……「上」は韓国古訓でウ。現代訓ウィ。音よみではサン。このサンという言葉は、古来「王様」のことを意味しました。これが、日本語の、人に対する敬称の「……さん」になっているようです。

この説は、尤もだと思われる。韓国人が手紙などで宛て名を書く時、氏名の後に「上」を用いることがある。

また日本では、領収書などで相手の名前の代わりに「上様」を用いるのも、これと無関係ではなかろう。

(3) 漢字の韓国音が日本語の「訓」に

平安時代以降のことか、奈良時代まで用いられていた韓国由来の言葉の他に、厖大《ぼうだい》な数の日本語が作られていった。その中に、漢字の韓国音を用いて日本語の訓が作られた例もある。

例えば「前兆」「しるし」を意味する「祥」は「さが」と訓ずるが、これは祥の韓国音 sang の n が略され、g の後に母音 a が付いたもの。同じ「さが」とよむものに「もって生まれた性質や宿命」を意味する「性」があるが、これは性の韓国音 seong の母音 eo が a に変えられ、n が略され、g の後に母音 a が付いたものと思われる。

(4)「さま」の成立

sangという韓国音を持つ漢字は上記の「上」「祥」の他に、①状　②相　③様　④床　⑤商　⑥想　⑦賞などがある。このうち、「状」「相」「様」は、「状態」「人相」「様子」などの熟語があることで分かるように、「すがた」「かたち」を意味する漢字である。ところが不思議なことに、これらにはいずれも「さま」という訓がある。

これはsangがsamになり、母音aが付いてsamaになったものと考えられる。中国・韓国では、san sang　samの音が厳密に区分されてきたが、日本では曖昧《あいまい》になってしまったようだ。

「上」と同じ「さん」という韓国音を持ち、訓が「さま」である「状」「相」「様」の中から「様」の字を選び出し、「上（さん）」と共に「様（さま）」という敬称を作りだした……。これが「様《さま》」が生まれた実相ではないだろうか。

Ⅷ「袋」を意味する言葉

「ふくろ」は身近な言葉。この言葉の語源と日韓での広がりについて、李寧煕女史の『日本語の真相』から一部省略してお伝えしよう。

「陰」と「ふぐり」

「ほと」（陰）。

『古事記』や『祝詞』など古代の文献にしげしげと登場する古語。女性の陰部のことです。

「袋」「封筒」などの意の韓国古語ボデ・ボディ・ボンドゥが「ほと」の語源です。ボデは日本語の「ほて」（布袋。「腹」のこと）、「ほてい」（布袋。七福神の一。大きな袋をかついでいた）になっています。またボンドゥは「ふうとう」（封筒）になり変わっています。

韓国では、いまでも「袋」のことをブデ（부대）、ポデ（포대）と呼んでいます。また「封筒」のことをボントゥ（봉투）といっています。

「布袋」「封筒」などの漢字表記を抜きにして音だけを耳にすると、この言葉同士が、一つのグループであることがよく分かります。漢字のもつ概念が、音の把握を邪魔するのです。

「ほと」の意の現代韓国語はボージ（보지）。これも元来「袋」の意です。

『古事記』には、「美蕃登《みほと》」、『祝詞』では「御《み》保止《ほと》」などと、「ほと」は大体「み」を冠して表記されています。

この「み」は敬称、美称だと解釈されていますが、「水」をあらわしている形容詞としての「み」なのです。

したがって「みほと」は「水袋」であり、「女陰」のこと。「ほと」はまさに「水袋」の概念にぴったりです。

さて、この「ふくろ（袋）」という日本語。これは韓国の古語ボクリに対応します。ボクリのボは「風呂敷」、クリは「包《つつみ》」。「風呂敷包」のことなのです。

ボクリに「袋」という漢字があてはめられて、「袋《ふくろ》」という、音と義を共有する日本語に生まれ変わっているのです。

ボクリ→ふくろ→袋《ふくろ》

これが、日本語の生誕順序です。

ボクリ。どこかで耳にしたような言葉ではありませんか。

そう、「松ぼっくり」の「ぼっくり」です。松ぼっくりは松かさのことですね。松の実がずっしり詰まっている松かさの異称

「松ぼっくり」は「松袋」の意なのです。ボクリに似ているもう一つの言葉があります。

「ふぐり」がそれです。男性の陰嚢《いんのう》のこと。万葉仮名表記「不倶利」。これも「袋」の意のボクリに対応します。

「女性自身」を指す「ほと」も「袋」、「男性自身」を示す「ふぐり」も「袋」の意の古代韓国語であるのです。

いかがでしたか。「ふくろ」という言葉一つとっても、日韓は深く繋がっていることが分かります。

ところで、祇園の舞妓さんなどが履く、後側の丸いぼっくり（木履）は、その形が「ふぐり」に似ているから付けられたと、ある本に書いてありました。

IX 墓《はか》・袴《はかま》・箱《はこ》・矛《ほこ》の語源は同じ言葉

韓国語の動詞にバクタ（박다）がある。意味は①（釘・杭などを）打《う》ち込む。差《さ》し込む。突《つ》っ込む。②（宝石などを）はめ込む。③押《お》し込む。詰《つ》め込む。である。李寧熙女史によればこのバクタからは次の四つの日本語が誕生している。

(1)はか（墓）

墓は、死者をほうむるところ。語源はバガ（bag-a）（バクタの語幹バクに母音アがついたもの）で、「はめ込む」「差し込む」の意。韓国の墓は土を盛るのに対し、日本の墓は骨を埋めたところに石または木を「はめ込む」からバガと呼ばれ、それが「はか」（墓）になった。

(2)はかま（袴）

袴は、両足を各々股の部分にさし込んで穿《は》くズボン状の衣服。語源はバガマ（bag-a-ma）で、「穿《は》く裳《も》」のこと。「穿く」は、動詞バㇰから生まれた言葉で、「差し込む」こと。古語ではバガだった。

(3)はこ（箱）

箱は、物を納めておく器。すなわち物を「差し込む」器である。「差し込む」の意の韓国語バㇰダの語幹（bag）に母音オがついてバゴになり「はこ」（箱）になった。

(4)ほこ（矛）

矛は、諸刃《もろは》の剣に長い柄をとり付けた武器。敵を突き刺すのに用いる。矛は敵の身体に「打ち込む」武器。「打ち込む」を表わす古代韓国語バグ（ボグヲ音に近い）から「矛《ほこ》」という言葉が生まれた。

X 五つの「さ」

李寧熙女史の『フシギな日本語』に、三つの「さ」について詳しく解説されている。まず、この「さ」について要約して紹介し、その後の追求で明らかになった二つの「さ」を加えることとしよう。

三つの「さ」

古語関係の辞典をひろげると、「さ」がずらりと並んでいます。その中の一つに、「さ」は接頭語であるとしている項があり、次のとおりです。（『古語大辞典』小学館）

さ［接頭］名詞・動詞・形容詞に冠して、語調を整える。さ枝・さ衣・さ霧・さ百合（以上名詞に接続）、さ曇る・さ寝（ぬ）・さまよふ（以上動詞に接続）、さまねし・さ遠し（以上形容詞に接続）など。

さあ、どうでしょう。この「さ」。本当に「接頭語」なのでしょうか。とんでもありません。

これらの「さ」は、れっきとした意味のある名詞であり、かつ形容詞であるそれぞれ別個の言葉です。このいくつかの「さ」本来のその語義がいっこうに分からないまま、どうしようもなく「接頭語」という便利な風呂敷を考案し、これにほうり込み、一括して捨てた結果がこの項の「さ」なのです。

では、この一連の「さ」。いったい何をあらわす言葉なのでしょうか。

「さ」には三つの意味があります。それぞれ別の意味をもっているのに、それが分からないためにいっしょくたにしているのが現状です。三つの「さ」にどのような違いがあるか、検討してみましょう。

(1)「山」の義の「さ」

例：さ百合、さ霧、さ牡鹿、さ曇る、さ遠し、さか（坂）

(2)「寝」の義の「さ」

例：さ夜、さ衣、さ寝

(3)「小」の義の「さ」

例：ささ、さざれ、ささやか、ささやく

まず、筆頭に挙げられるのが、「山」の義です。正しく訳せば「峠」「嶺」のこと。古代韓国語でジャ（ja）、現代語でジェ（jae）。このジャが、日本では「さ」と発音されてきました。韓国語が日本語になり変わる音韻変化の法則により、韓国語のj音は日本にくるとs音に変音します。したがってジャは「さ」に変貌するのです。

さ霧、さ百合、さ牡鹿、さ遠しなどの「さ」が、この「山」「峠」「嶺」の意の古代韓国語ジャから日本語になった言葉です。つまり、「さ霧」とは「山霧」のこと。「さ百合」は

「山百合」。「さ牡鹿」は「山牡鹿」。そして「さ遠し」とは実は「山遠し」のことなのです。「さ百合」は普通「小百合」と漢字表記されています。しかし「小百合」に「小さい百合」という義はありません。事実『古語大辞典』にも小百合は山百合のことであるとされています。

さて、二つ目の「さ」について調べることにしましょう。

「小夜《さよ》」の「さ」、「狭衣《さごろも》」の「さ」、「さ寝」などの「さ」です。

これまた接頭語でなく、「寝」を意味する韓国語ジャ（ja）です。動詞ジャダ（寝る・眠る・共寝する）（ja-da）の語幹でもあります。古代においては名詞形でもありました。

このジャが、日本では「さ」と発音され日本語になってきたのです。「さよ」は、直訳すると「寝《ね》る夜《よる》」になります。「小夜更けて……」など、「小夜」に「夜中」や「寝」の概念が含められている所以《ゆえん》です。

「さ夜」は要するに「夜中」「寝る夜」のこと。

「さ衣」は「寝巻」、ナイト・ウェアのこと。

「さ寝」は「寝ころぶ」「寝るため横になる」こと。

ところで、ここにもう一つの「さ」があることを忘れてはなりません。「小」の意の「さ」、「細」の意の「ささ」です。

『古語大辞典』は、「ささ」は「細・小」と表記、「後世〈さざ〉」とも。〈ささら・さざれ・ささやく・ささやか〉などと同根……」としています。これは正解です。

「小」の意の韓国語はジャ。動詞でジャダといえば「小さい」、形容詞ではジャンとなります。

一方、「細」の意の韓国語はジャジャ。これまた古語も現代語も同じです。ジャジャレといえば、「細かい」「細かいもの」を意味します。このジャ（小）、ジャジャ（細）が、そっくり日本語の「さ」（小）、「ささ」（細・小）になっているのです。「細」の「さ」、「君が代」に登場する「細れ石《さざれいし》」の「さざ」、「細波《さざなみ》」の「さざ」です。

まず、この「小」という漢字を韓国式にジャと訓読みします。このジャが日本では、「さ」と訛って発音される。つまり、「小」が「さ」と読まれることになります。

「山」の意の韓国古語もジャつまり「さ」。また「寝」の意の韓国語もジャつまり「さ」。「小」「細」の意の韓国語もジャつまり「さ」。

「山」も「さ」、「寝」も「さ」、「小」も「さ」であったところから「山」「寝」の意の「さ」をあらわすのに「小」という漢字を借りて表記することになります。「さ」と訓読みされる漢字の中で「小」がもっとも簡明な文字であったからです。

「山百合」が「小百合」に、「夜中」が「小夜」に漢字表記されてきた秘密はまさにここにあります。……

(4)　**「勧誘」の「さ」**

四つ目の「さ」は、「勧誘」の「さ」である。『広辞苑』（岩波書店）の「さ」を見ると、感動詞として①人を誘い、促し、また詰問する時に用いる語。さあ。とある。

また「ささ」も感動詞で「①人を促し立てるときに発する声。さあさあ。いざ。②神楽歌《かぐらうた》・民謡などの囃子《はやし》の声。」とある。

ところで韓日辞典では、ジャ（자）は感嘆詞で、「行動や注意をうながす時に発する声。さあ。……」とある。（『民衆エッセンス韓日辞典』）

ここでも他の例と同じように、韓国語ジャ（ja）が、日本語「さ」になっている。

(5)「鉄」の「さ」

最後、五つ目の「さ」は、「鉄」の意の「さ」である。李寧熙女史によれば、古代韓国語でサシスセソは、すべて「鉄」を意味する。

韓国の三国（新羅・百済・高句麗）のいずれかによって、また時代によって異なった。現代語はセエ（쇠）。

サは、主に新羅系の「鉄」を意味する言葉。佐賀《さが》（サガは「鉄磨《と》ぎ」の意）は、新羅系の渡来集団が移り住んで、鉄づくりに励んだところである。

長野県の真田《さなだ》。これもサナダ「鉄出る地」。真田の強さの根源は「鉄」であった。

サビ（サヒ）は、「鉄刀」のこと（ビ・ヒは「刀」を意味する）。地名では「佐比《さひ》」「佐備《さび》」などがある。

錆《さび》はサピで、「鉄の血」のこと。人名では『常陸国風土記』香島《かしま》郡に「鍛《かぬち》の佐備大麻呂《さびのおおまろ》」が出てくる。

犀川《さいがわ》（長野県・石川県金沢市）、狭井《さい》川（奈良県）のサイも「鉄続き」（立て続けに鉄が出る）の意。

奈良市内を流れる佐保川のサホは「鉄見」の意。

日本海に浮かぶ佐渡。サドは「鉄受け」または「鉄受けよ」の意。

ただし、『古事記』神代篇「海幸彦・山幸彦」に出てくるサヒモチの神（一尋《ひとひろ》ワニ）のサヒは、サガ「小」の「さ」で「小刀」のことである。

XI 円形を表す言葉

「つぶらな瞳」の「つぶら」など、日本語には円形を表わす言葉がいくつかある。そのルーツは何か。李寧熙著の『日本語の真相』からその部分を取り出し、要約してお伝えしよう。

耽羅《タムラ》

済州島の古名は「耽羅《タムラ》」(tam-ra)。「耽浮羅《タムブラ》」(tam-bu-ra) とも呼ばれていました。両語とも「丸い国」、または「丸い」という意味の地名です。

済州島のタㇺ音は非常に特殊な音でタㇺとトㇺの中間音ですが、トㇺ音に聞こえます。タㇺブラはトㇺブラと聞こえるのです。

「つぶら」

さて、このタㇺブラすなわちトㇺブラに似た音の日本語があります。

「小さくて丸いさま」をあらわす「つぶら」がそれです。

韓国語のt音は、日本にくると往々ts音に変えられてしまいます。また、「ン」などの、詰まった子音の「終声」なる音は、日本では大体消されるか、もう一つの完全な音に独立するかします。

したがって、この場合、タは「つ」に変音。そして終声のㇺ音は完全に消されます。その結果タㇺブラは「つぶら」に化けてしまうのです。

「とんぶり」

タㇺブラに対応する日本語はほかにもあります。「とんぶり」です。お惣菜の和え物の材料としてよく使われている箒草《ほうきぐさ》の実のことです。漢方薬の強壮・利尿剤でもある小さくて丸い実、「とんぶり」の元来の意味は「丸」。韓国語です。

タムブラは形容詞。タムブリは名詞。名詞形のタムブリが、日本語の「とんぶり」の語源であるのです。

「丼《どんぶり》」

タムブリに似ている単語はまだあります。「どんぶり」です。「丼」と表記されている日本語の「どんぶり」。この語源もほかならぬ「丸」の意の韓国語タムブリです。「どんぶり」とは「丸」のことです。

「丸くない器なんてあまりないじゃないか」といわれるかもしれませんが、数多い陶器の中でも、どんぶりは特に丸々としていないでしょうか。

『語源大辞典』(堀井令以一・東京堂)の、この項をご覧下さい。

「ドンブリ(丼)……(前略)寛文ごろの江戸で、ケンドンヤの名で盛切りめし、そば、うどんを売る店があった。客に突けんどんに盛切りのたべものを出したから、慳貪《けんどん》の名が付けられたという。盛切りの鉢をケンドン振りの鉢といったのが、上略してドンブリ鉢となりドンブリとなった。(後略)」

「どんぶり」は、日本全国にかけて広く使われてきた古い普通名詞です。「寛文ごろの江戸」の、しかもたった一軒の店「ケンドンヤ」の事情で作り上げられた造語であるとは、とうてい考えられません。

どんぶりは、古代からの「すえもの」の一種です。もし、江戸時代にはじめて、「どんぶり」という言葉が作られたものであるとすれば、それ以前、どんぶりはどう呼ばれていたのでしょうか。

ここで、二、三つけ加えておくことがある。

一つは「つぶら」。これが地名になっている。大阪市中央区本町に西本願寺派の津村別院があるが、もとここは「津村」と呼ばれていた。その理由は、その昔、この辺りが海岸で円江《つぶらえ》という入り江があったからだといわれている。「つぶら」が「つむら」になった。なお、奈良県吉野には丸い形をした「津風呂《つぶろ》湖」がある。

二つ目は、鳥の「とんび」。鳶《とんび》はワシタカ科の大形の鳥。吏読表記は「冬非」。李寧熙女史によれば、ドンビ（don-bi）で「円」の意の高句麗語。鳶は空中高く舞い上がって、ぐるぐる円を描いて廻るので「円」すなわちドンビと呼ばれた。

次は昆虫の「とんぼ」。古語では「とんばう」である。李寧熙女史によれば、「とんばう」は、韓国語の「タム（丸）ボア（見）」（dom-bo-a）。つまり「丸く見る」「ぐるりと見る」。蜻蛉《とんぼ》の目が、四方をぐるりと見廻せる複眼であることから付けられたと思われる。

XII 皮・川・合羽・側・樺

「皮《かわ》」「川《かわ》」「合羽《かっぱ》」などは、音が同じか似ている。しかし、それだけではない。意味も共通している。『日本語の真相』で李寧熙女史が解いた、これらの言葉の語源を要約して紹介し、「側」「樺」については私見を述べてみたい。

(1) 皮

「皮」という日本語を古語関係の辞典で探すと、「かは」項に登場します。「かわ」は、昔「かは」と呼ばれていたからです。

ところが、日本語の「は」音は、古代においては「ぱ」と発音されていました。古代のp音やb音は、後代になるにつれ、h音やw音にだんだんとマイルド化されてき

ています。したがって、「かわ」の昔の音は「かは」、そのまた昔の音は「かぱ」でした。いっぽう、「皮」の現代韓国語はガジュク（가죽）です。しかし韓国の古語がガッバ（gad-ba）で、「かぱ」とほとんど同音になります。ガッバ（gad-ba）はガパ（ga-pa）と発音されるからです。

そして、韓国語の濁音は日本に渡ると、必ずといっていいほど清音化されます。これが、韓国語が日本語に転移する「変転の法則」の一つです。

ガ（ga）が「か」（ka）になってガッバは「かぱ」に変転します。

では、「皮」の意の韓国語ガッバがもともと何をあらわす言葉であったのか調べてみましょう。

ガ（ga）またはガッ（gad）は、「際《きわ》」「端《はた》」「辺《へ》」のこと。現代語も古語も同じ。バ（ba）は「所」「場所」「事」などをあらわす言葉。日本の「場《ば》」と同語です。

要するにガッバは「端《はし》の場《ば》」の意。「皮」は筋肉の一番端っこの場所であるので、このように呼ばれたのでしょう。

日本語「皮《かわ》」の語源は、「端の場」であり「皮」の意の韓国古語ガッバなのです。

(2) 川

韓国古語でガはまた「川」をあらわすものでした。川は野山の端にあるので「端」の概念でこのように呼ばれたのかもしれません。

日本の「川《かわ》」の古音も「皮《かわ》」と同じで「かは」、そのまた古音も「かぱ」。「川」もまた「端の場」つまり「皮」であると同時に、

「川の場」という意味の言葉になるのです。川を「地の端にある皮」と見なしたわけです。さざなみにおおわれた川の水面を上から見下ろすと、いかにも皮のようではありませんか。

(3) 合羽

雨具を意味する「合羽《かっぱ》」も、「皮」の意のガッパつまりガパから日本語になった言葉です。古代のレイン・コートは皮製であったようです。

(4) 側

「側《がわ》」は「かわ」ともいう。『広辞苑』のかわ（側）には「(「皮」と同源か。多くガワとも)。①物の一つの方向・面。②相対する二つの一方。片方。③(中味に対し) 外側を囲むもの。ふち」とある。

また「縁側《えんがわ》」は、同じ『広辞苑』に「日本の家屋で、座敷の外側に沿う細長い板敷」とある。

これから見て、「側」の訓よみ「がわ」「かわ」の語源は、李寧熙女史が指摘するように、「端の場」を意味するガッパであろう。

(5) 樺

カバは、カバノキ科カバノキ属の落葉広葉樹高木の総称。北半球の温帯から亜寒帯にかけて四十種ほどが分布しており、日本にはそのうち十数種が見られる。

植物学的和名としてはカンバと呼ばれ、そのうちもっとも広く知られているものがシラカンバである。

カンバの樹皮は、アイヌ語でカリンパと呼ばれ、それが「かには」になり、カンバになったといわれている。

『広辞苑』の「樺《かば》」を見ると、①(桜の)樹皮　②樺の木。特にシラカバの別称。「かんば」。とある。

『広辞苑』が「樺」の一番目に、(木の名称より先に)「(桜の)樹皮」を挙げているのは、「桜皮細工《ざいく》」が「樺《かば》細工」と呼ばれて、広く知られているからであろう。

桜皮細工が樺細工と呼ばれているのは、樺が皮を意味していたともとれる。

単純に「皮を使う木」だから「皮の木」と呼んだのではないか。また皮の語源ガッバは、日本語「かんば」に変転しうる。実際「傘頭」の意のガッモヲリが「かんむり」になっている。

韓国語のコグマ(さつまいも)の語源

ものが移動すると言葉も一緒に移動する。

韓国語でさつまいもをコグマ(고구마)というが、これは「孝行芋《こうこういも》」という日本語から生まれた。

サツマイモは、対馬から朝鮮通信使の趙嚴(一七一九~一七七七)によって半島にもたらされた。趙嚴は、釜山で行政長官をしていたこともあり、飢餓に苦しむ百姓のため、飢饉対策を考えていた。乾燥に強いサツマイモは、救荒植物として栽培されていた。サツマイモの種子と栽培法を得て帰国。対馬では、サツマイモは日照りでも親を飢えさせずにすむ芋ということで「孝行芋」と呼ばれていた。孝行芋→コギィマ→コグマとなった。(マは「芋」の意)

煙草《たばこ》も日本経由で伝来した。韓国語でタンベ(담배)。ポルトガル語の「tabaco」が日本語の煙草になり、韓国語のタンベになった。

「端」をあらわす百済語・新羅語・高句麗語がそれぞれ日本にきて別の日本語になった

あ・あし

百済語の「端」を意味するアッの語末音が消えたものが「あ」。もう一つの音に伸びたのが「あし」。「足」は体の一番端にあるから「端」の意味で「あ」「あし」と呼ばれた。

あたま

頭のアは「端」、タマは「大事なもの」「丸いもの」の意の古語タム。これも語末音が伸びたもの。

「畦《あぜ》」:「端」のア。ぜはジェ「盛り上がったもの」。アジェとは「端の盛り上がったもの」。

「垢《あか》」垢擦《す》りの「あか」:端のアッ。カは「皮」のガッ。「端っこの皮」が「あか」。

「鹼《あく》」:お料理の時に「あくが浮く」「あくをとる」。「端っこの汚いもの」。

「芥《あくた》」:「塵《ちり》あくた」の「あ」も同じ。クタはグダ、屑《くず》のこと。

「あぶる」:「するめをあぶる」「軽くあぶって食べる」の「あ」も「端」。ブルは「火」。「あぶる」は「端っこの火」という意味。ブルの語末音が一音伸びている。

「端」の百済語アッは上下左右の空間でも端を意味した。

一番上の端の空間・アマ・アメが「天」の意味の日本語あめ・あまになっている。

高句麗では「端」はエ・エシ。桜で有名な奈良県の吉野（むかしはヱシノだった・飛鳥の奥の方つまり「端」の野）・梢《こずえ》（木の枝の先つまり「端」）。

新羅で「端」は ガッ・ガシ。川べりの意味の河岸《かし》とか魚河岸《うおがし》のガシになった。潟《かた》・八郎潟・干潟《ひがた》のガがこの新羅語の「端」ガッ。タは「地」ガタとは「端の地」。タは現代韓国語ではタン。「土地」のこと。前述した「皮・川・合羽・側・樺」のガッパ（端の場）のガッがこれである。

擬態語

擬態語とは、各種辞書類にはおおむね次のように記されている。

【「キラキラ」「ダラダラ」「フラフラ」のように、直接に音響とは関係のない状態を描写するのに用いられる語。日本語には非常に多い。単独で、または「と」を伴って連用修飾語として用いられるほか、「ピッタリだ」のように形容動詞になるものや、「スッキリする」のように「する」を伴って動詞になるものもある。ときには、「ガッカリ」「ドキッ」などのように、間投詞として用いられることもある】(『ブリタニカ国際大百科事典』小項目事典)

【物事の状態や様子などを感覚的に音声化して表現する語。「にやにや」「うろうろ」「じわじわ」「ぴかり」「ころり」「てきぱき」などの類。広義には擬声語の一種ともされるが、狭義の擬声語が、自然の音響や人間・動物などの音声を直接的に言語音に模倣して写すのに対して、擬態語は、音響には直接関係のない事象の状態などを間接的に模倣し象徴的に言語音に写したものである。〔擬態語は、そのままの形で、または「―と」「―だ」「―する」などの語によっていろいろな形で用いられる〕】(『大辞林』第三版・三省堂)

「夜は深深《しんしん》と更ける」「太陽が燦燦《さんさん》と照る」などは、漢字を音《おん》で読んだもので、漢字そのままの意味があり擬態語とはいえない。

日本で擬態語とされているもののいくつかは、韓国では今日でも、擬態語または副詞として、はっきりとした意味を持っている。

私たちが意味がないと思って使っていた言葉を韓国語で解くと意味があった……。これが驚きでなくて何であろうか。このことも、韓国語から日本語が生まれた証拠の一つになろう。

1～20は李寧熙女史が解読したもの。21～50は仕田原が考えたものである。

「かんかん」「こんこん」「ずるずる」「のろのろ」「ばらばら」「ぺこぺこ」……

1：真夏の太陽が**「かんかん」**照りつける。
「しつこい・粘っこい・さっぱりしない」の意の**カンカン**（깐깐）。原音のまま。
「しつこく（粘っこく）照りつける」のが「かんかん照り」。

2：悪者を**「ぎゅうぎゅう（きゅうきゅう）」**の目にあわせる。
「強く締めるさま」を表す**グクグク**（꾹꾹）。「ぎゅっと締める」などと使う「ぎゅっ」はグクグクの強調語グクから。

3：雪が**「こんこん」**と降る。
「堅く凍り付いたさま」を指す**コンコン**（꽁꽁）。

4：**「さらさら」**した肌ざわり。
「ものに湿気なくさっぱりしたさま」「風がそよそよ吹くさま」を指す**サルランサルラン**（살랑살랑）。語末音「ル」「ン」が消滅（変転の法則その一―①）して「さらさら」になった。

5：小判が**「ざくざく（ざっくざっく）」**出た。
「ひっきりなしに」「限《きり》無しに」の**ジャックジャック**（자꾸자꾸）。韓国語のｊ音が日本語のｓ音になる（変転の法則その四）だが、清音化せずそのまま「ざく」になった。

6：引き戸が**「するする」**開く。
「物事がなめらかに進むさま」を指す**ジュルジュル**（줄줄）。語末音の「ル」が伸びて「る」になり、ジュが「す」に転音した。
ジュルは、「線状のもの」「列《れつ》」を表し、日本語の弦《つる》・蔓《つる》・列《つら》・綱《つな》などの語源でもある。

7：本を**「すらすら」**と読む。
「淀むことなく読むさま」をあらわす**ジュルジュ**

ル（줄줄）。6同様の変化で「すらすら」になった。

8：おかずが**「ずらずら」**並ぶ。

「同類のものが次々と続くさま」の**ジュルジュル**（줄줄）。語末音の「ル」が伸びた。

9：着物の裾を**「ずるずる」**とひきずる。

「長いものが長々と引きずられるさま」を表す**ジュルジュル**（줄줄）。ジュルウジュルウとも。

10：仕事が**「ずんずん」**とはかどる。

「足をばたばたさせるさま」をあらわす副詞**ジョンジョン**（종종）。

「ものがふわふわと浮遊している状態」をあらわす語ドンドン（동동）と異音同義。

11：さあ**「そろそろ」**（徐々《じょじょ》に）始めようか。

「ひそかにするさま」を指す古代韓国語**ソロソロ**が「徐々に」の意の日本語「そろそろ」になった。

12：大勢の人が**「ぞろぞろ」**と付いてくる。

「人の後に付きまとうさま」を指す**ジュルジュル**（줄줄）。

〈6〜10は同根。ジュルジュル（줄줄）〉

13：一人**「とぼとぼ」**と歩いていく。

「てくてく」「とぼとぼ」の意の**トヲボヲクトヲボヲク**（터벅터벅）。トヲが「と」になり、ボヲクの語末音が消えて「とぼ」になった。

14：**「どんどん」**歩く（速く歩くさま）。

「もっと・より多く」の**ドヲ**（더）。**ドヲドヲ**（더더）はその強調語。「どんどん歩く」は「もっと・より多く歩く」こと。

〽松島《まつしま》の　サーヨー　瑞巌寺《ずいがんじ》ほどの……

と始まる斎太郎節《さいたらぶし》で有名なエンヤートットット。伝馬船の櫓を漕ぐ時の掛け声、または何かを地道に頑張る場合の表現などに使われるという。このトットも「もっと・より多く」のドヲドヲ。「意味がない」とされる掛け声・囃子詞《はやしことば》などは韓国語で解読すると、語義が鮮明になる。


15：**「のろのろ」**した動き。

「遊び・遊び」の**ノロノロ**。「遊び」という名詞が動作を表す言葉に変わっている。現代語で「遊ぶ」はノルダ（놀다）。

野良猫《のらねこ》・野良犬《のらいぬ》の「野良」もノルダの語幹ノルに母音がついたノラから。「野良」は当て字。

16：旗が**「はたはた」**と翻《ひるがえ》る。
「(旗などが風に) はたはた翻る」意の**パダギダ**（파닥이다）の語幹。パダが清音化して「はた」になった。

17：鳥が羽《はね》を**「ばたばた」**させる。

「(鳥などが羽を) ばたつかせる」の意の**パダギダ**（파닥이다）の語幹バダ。

〈16・17は同根〉


18：集会が終わって、人びとは**「ばらばら」**に散っていった。

「散る」の意の古代韓国語**バラ**。バラはバダル・バダ・バラル・バレなどともいわれた。

原義は「一本一本、一直線に張った筋もよう」。**バラバラ**（散々）はその複数形。

「一直線の筋もよう」を表すバラ・バダは海の意の「わだ」などの日本語に変化している。

19：おなかが**「ぺこぺこ」**だ。
「おなかがすく」の韓国語は**ペゴプタ**（배고프다）。ペは「腹」、ペゴプは「腹が空く」。現在も日常的に使われるペゴから同じ意味の日本語

「ぺこぺこ」が生まれた。

20：**「もぐもぐ」**食べる。
「食べる」の意の動詞**モヲグタ**（먹다）の語幹**モヲグ**。語末音が独立して「もぐ」になった。

以下は仕田原私案。韓国の辞書（『民衆エッセンス韓日辞典』）に載っている現代語でもある。

21：夜が**「うすらうすら」**明け始めた。
「日暮れ時や夜明け頃の薄暗いさま、ほのぼの、ほんのり」の**ヲスㇽヲスㇽ**（어슬어슬）。アは「う」になり、語末音「ル」が消えて「うすらうすら」になった。

22：**「うるうる」**した瞳。
「泣く」の意の韓国語**ウㇽダ**（울다）の語幹。
「うるうる」した瞳は、涙が溢れ泣いている状態。
語末音が独立、重ねて「うるうる」となった。

23：**「がさがさ」**した手。
「あるものや肌などがなめらかでなくざらざらしているさま・がさがさ」の意の**ゴヲスㇽゴヲスㇽ**（거슬거슬）。語末音の「ル」が消滅してガスガス→「がさがさ」になった（変転の法則その一―①）。

24：**「からから」**と笑う。
「高らかに笑う声・カラカラ・ケラケラ」の意の韓国語**カㇽカㇽ**（깔깔）。語末音が独立し、日本語「からから」になった。

25：**「くどくど」**と愚痴《ぐち》をこぼした。
「切りがない」「際限がない」の**クドヲブシ**（끝없이）の語幹。語末音が消滅した。

26：雨が**「ざあざあ」**降る。
「激しく降る雨や水の音・じゃあじゃあ・ざあざあ」の意の**ジャクジャク**（좍좍）。語末音が消

え、ざあざあ、じゃあじゃあになった。「土砂《どしゃ》降り」の「ど」は「もっと」の意のド（더）。「もっとざあざあ降る雨」が土砂降り。

27：紙を**「さく」**っと切る（**「さっくり」**と切る）。「紙などを一気に切る音・また、そのさま・ずばり・さくり・さっくり」の**サㇰ**（삭）。語末音「ㇰ」が独立（変転の法則その一ー②）。

28：めだかが**「すいすい」**と泳ぐ。「簡単に。容易に。たやすく。訳《わけ》なく」の**スイ**（쉬）。**スイスイ**（쉬이쉬이）はその強調語。

29：ペンを**「すらすら」**走らせる。**スㇽスㇽ**（술술）は「言葉や文章が淀みなく出てくる様」の意。李寧熙女史が解読した〈7：本を「すらすら」と読む〉の語源ジュㇽジュㇽ（줄줄）とも意味や音が近い。

30：**「すっく」**と立つ。すっくと立つとは（勢いよく）まっすぐ立ち上がること。「まっすぐ、すっと」の意の韓国語**ジュク**（죽）の語末音が独立し、子音のj音がs音になって（変転の法則その四）「すっく」となった。

31：**「すくすく」**育つ。「動作に滞りのないさま・ずんずん」の**ジュㇰジュㇰ**（죽죽）。30と同様の変転で「すくすく」になった。滞りなく育ったり伸びたりすることが「すくすく」である。

32：風が**「そよそよ」**吹く。「そよそよ」の意の韓国語**ソㇽソㇽ**（솔솔）。ソㇽは「刷毛」の意。そよ風とは「筆で撫でたような感触の風」のこと。語末音が変化し「そよそよ」になった。韓国語で「そよ風」はソㇽソㇽパラㇺ（솔솔바람）。

33：筆に墨を**「たっぷり」**つけて書く。
「たっぷり。どっさり。しこたま。いっぱいに」の意の副詞**ダムプク**（담뿍）。

34：水道の水が**「ちょろちょろ」**出ている。
韓国語の**ジョルジョル**（졸졸）は「少量の水が流れるさま、またはその音・ちょろちょろ」。語末音が独立し、「ちょろちょろ」になった。

35：大人も**「たじたじ」**となる。
韓国語**タジダ**（따지다）は「(物事の是非を)問う・問い詰める・詰問する」の意味である。「たじたじ」は問い詰められた様子を動詞タジダの語幹を重ねて表した言葉ではないか。

36：坂道で**「つるり」**と滑る。
「物が滑るように流れ落ちるさま。するり。つるり」の**ジュルル**（주르르）。
韓国語のj音とd音は相互交替する。高句麗の故地、現在の北朝鮮など北の地方では「電気」のジョンギはデョンギとされている。ジュルルはドュルルとも呼ばれていた可能性がある。清音化すると「つるる」「つるり」になる。「列列」のジュララが「つらら（氷柱）」になっているのと同様の変化ではないか。

37：酒を**「とくとく」**と注ぐ。
トゥクトゥク（뚝뚝）は「水滴などが続けざまに落ちるさま。ぽたりぽたり。ぽつりぽつり。はらはら」の意。語末音が独立。

38：胸が**「どきどき」**する。
「どきどき」を表す副詞**ドゥグンドゥグン**（두근두근）。語末音が独立した。

39：牛が**「のそりのそり」**と歩く。
「のそりのそりと歩き回る。のそのそ」の**ヲスロヲンヲスロヲン**（어슬렁어슬렁）。発音しずらいヲ

はノになり、スルが「そ」になった。

40：木の葉が**「はらはら」**と散る。
「ひらひら。ぱらりと」の意の副詞**パルランパルラン**（팔랑팔랑）。語末音が消滅し、パが「は」になった。

41：金魚が口を**「ぱくぱく」**させる。
「ぱくぱく」の意の副詞**パクムパクム**（빠끔빠끔）。「金魚が口をぱくぱくさせる」（『民衆エッセンス韓日辞典』）。語末音が消滅して「ぱくぱく」になった。

42：**「ばさばさ」**した髪の毛。
バサク（바삭）は、「（水気がなく）乾ききるさま。からりと」の意。
バサクバサク（바삭바삭）は「ばさばさ」を表す。語末音が消滅して「ばさばさ」になった。

43：日照りで土が**「ぱさぱさ」**になる。
「ぱさぱさ・がりがり」の意味の**パサクパサク**（파삭파삭）。

44：**「ぱりぱり」**の江戸っこ。
「生き生きしている。ぴんぴんしている」を表す**パルパルハン**（팔팔한）の語幹パルパル。語末音が独立した。

45：**「ぶくぶく」**と泡だつ。
「泡が立つさま。ぶくぶく。ふつふつ」をあらわす**ブグルブグル**（부글부글）。語末音「ル」が消滅した。

46：恐ろしさに**「ぶるぶる」**震える。
「ぶるぶる」「びくびく」「おどおど」の意の副詞**ボヲルボヲル**（벌벌）。ボヲがブになって母音が単純化（変転の法則その三）され、「ぶるぶる」になった。

47：煙草を**「ぷかぷか」**とふかす。
「ぽっかりと開いているさま。ぽっかり」の意のポヲツクミ（뻐끔히）の語幹を二重に重ねた**ポヲ**

クポヲク（뻑뻑）。「ぷかぷか・ぱくぱく」の意。

48：傷口が**「ぽっかり」**開いている。

「ぽっかりと開いているさま。ぽっかり」の意の**ポヲックミ**（빼꼼히）の語幹。

〈47・48は同根〉

49：花が**「ほろほろ」**と散る。

「鳥・雪・ごみなどが飛ぶかまたはとび散るさま」をあらわす**ポルポル**（펄펄）。語末音が独立。韓国語のp音はh音になる（変転の法則その六）。

50：ボールを**「ぽん」**と蹴る。

「ボールを蹴飛ばすさま。ぽん」の**パン**（빵）。**ポヲン**（뻥）、**パン**（팡）とも。（『民衆エッセンス韓日辞典』）

古代の裁判「くかたち」

「盟神探湯」「深湯」「誓湯」などと表記して「くかたち」とよむ古代の裁判があった。神に潔白などを誓わせた後、探湯瓮《くかへ》という釜で沸かした熱湯の中に手を入れさせた。正しい者は爛《ただ》れず、邪《よこしま》な者は爛れるとする。

この「くかたち」の語源は、新羅語のクルガタジ。クルは「湯を沸かす」の意の動詞クリダ（끓이다）の語幹。タジは「問い詰める」。現代語でもタジダ（따지다）は「（物事の是非を）問う・問い詰める・詰問する」の意。「くかたち」とは「湯を沸かして問い詰める」こと。

『日本書紀』には、応神天皇と允恭天皇の時に記載されている。その後、継体天皇二十四年を最後に九百年記録がないが、室町時代には「湯起請」という名で再登場する。足利義教が政治的裁判にしばしば用いたというが、再び記録から消滅する。

釜で沸かした熱湯を笹の葉などで参拝者にかける湯立《ゆだて》の神事などは、この盟神探湯に由来するとされている。

第三章　植物の和名を考察する

植物の語源には、やまとことば同様、納得できないものがたくさんある。李寧熙女史の方法を応用して、自分なりに日本名と韓国名を比較することで、なるほどと思えるものにたどりついた。物が伝わると一緒に言葉も伝わることを考えれば当然のことだが、今まで誰もそれをしようとしなかった。

植物和名の語源に迫る

李寧熙女史の方法を応用して**植物和名の語源に迫る**。文中では敬称を略する。『原色牧野新日本植物図鑑』（牧野富太郎・北隆館）を『牧野』と略する。

アカネ【茜】

アカネ科の蔓性多年草。山野に自生し、根は橙色。茎は四角く中空で棘がある。各節に四葉を輪生し、秋に白色の小花をつける。根から赤色の染料を採った。茜色は茜の根で染めた色のことで、赤色のやや沈んだ色。

【語源】アカネは、「赤根ノ義」（『大言海』大槻文彦）であることはいうまでもない。アカネの「あか」は、「赤」を意味するバルガの語末音「ル」が略されたバガから。「ね」は「出す」の意の動詞ネダ（내다）。根は「（地中に）出す（もの）」だからである。バガが「あか」になっているが、韓国語バが日本で「あ」になった他の例として、馬鹿の意のバボ（바보）が「あほ」「あほう」（阿房）になっている。「茜」といえば『万葉集』巻第一―二〇「茜指すむらさきのゆき…」と訓みくだされてきた額田王の歌が思い浮かぶであろうが、額田王は「茜」を「あかね」とは詠んでいない（『もう一つの万葉集』李寧熙）。

オオネ【大根・オホネ】

オホネは大根の古名。『和名類聚抄』に「於保爾」とある。ダイコンは漢字「大根」を音読みしたもの。アブラナ科の一年生または二年生根菜。晩春、白または紫がかった白色の小さい十字花を開く。野菜として広く栽培され、主に肥大した根を食用とし、種子から油を採ることもある。根の長さ・太さなどの形状が多様。皮の色も白以外に赤・緑・紫・黄・黒などがあるが、日本ではほとんどが白い品種で、春の七草の一つスズシロ（清白）の別名もこれに基づく。

【語源】「大きく出すもの」の意のオボネが日本語「おほね」になった。オボは「親」を指す語だが、親は子より大きな存在なので「大」を表す言葉となった。ネは「出すもの」つまり「根」である。

カツラ【桂】

日本特産のカツラ科落葉高木。樹皮は灰色を帯びる。高さ約三〇メートル、葉はハート形。春先、葉に先立って暗紅色の小花をつける。

京都市の賀茂《かも》御祖《みおや》神社（下鴨神社）と賀茂《かも》別雷《わけいかづち》神社（上賀茂神社）で、五月（陰暦四月の中の酉の日）に行われる例祭葵祭（正式には賀茂祭）では「葵桂《きっけい》」と呼ばれるアオイ（葵）とカツラ（桂）の葉をからませて作ったものが髪や衣装や牛車などに飾られる。これに使われる木なのでカツラと呼ばれるようになったと考えられている。

カツラ

葵祭で使われるアオイは、アオイ科ではなくウマノスズクサ科のフタバアオイ（双葉葵）で別名「賀茂葵」。徳川家の紋章「三葉葵」は、これに基づいたものだが、フタバアオイの通常の葉数は二枚で、三つの葉を持つものは稀である。

【語源】李寧熙によれば、蔓草の総称葛《かつら》を古代韓国語でガドゥラと呼んでいた。ガは「端」「周辺」。ドゥラは「囲み」「覆い隠し」の意。

蔓草は、他の木などに絡みつき周りを取り囲むようにして生える植物なので「周辺囲み」の意でガドゥラと呼ばれた。これが「かづら」「かつら」となり、蔓草や花などで頭髪を飾る物や、添え髪・仮髪も「かづら」「かつら」（鬘）と呼ばれるようになった。

ガマズミ【莢蒾】

スイカズラ科の落葉低木。各地の山地に自生。高さ三メートル。葉は小型卵形で対生。枝・葉に毛が多い。夏、五弁の小白花を散房花序に密生する。秋、小豆大の果実は初めは鮮紅色、熟すと暗紅色になる。

『牧野』は「語源は分かっていないが、スミは染めの転訛で、この類、ことにミヤマガマズミの果実で古く衣類を摺《す》り染めにしたことと関係あろう」としている。

ガマズミの実

【語源】ガマズミの韓国名は、ガマクサルナム（가막살나무）で「黒い肉の木」の意味。黒い甘い実を「黒い肉」と見做《みな》したのだろう。日本名ガマズミのガマも「黒」の意味である。スミ（스미）は「染め」。ガマズミは「黒染め」を表す。牧野はスミだけ「正解」している。

カラムシ【苧】

イラクサ科の多年草。南アジアから日本を含む東アジア地域まで広く分布し、古くから植物繊維をとるために栽培されたため、文献上の別名が多く、紵《お》、苧麻《おあさ》、青苧《あおお》、山苧《やまお》、真麻《まあさ》、苧麻《おあさ》などがある。茎の皮からは衣類、紙、さらには漁網にまで利用できる丈夫な靭皮繊維が取れるため、分布域では六千年前から栽培されてきた。日本に自生するカラムシは、繊維用に有史以前から栽培されてきたものが野生化した、史前帰化植物（人為的な手段で持ち込まれた植物のうちで、野外で勝手に生育するようになったもの）だった可能性が指摘されている。

カラムシは国の重要無形文化財に指定されている「越後上布《えちごじょうふ》」（現在では新潟県南魚沼市、小千谷市を中心に生産される、平織の麻織物。縮織のものは小千谷縮、越後縮という）「小千谷縮《おぢやちぢみ》」

カラムシ

（新潟県小千谷市周辺を生産地とする苧麻を使った麻織物。撚りが強い緯糸で織った布を湯もみする事で「しぼ」を出した）の原料。上杉謙信も「越後縮」としてこれを売り、莫大な利益をあげた。二〇〇九年には、ユネスコの無形文化遺産保護条約「人類の無形文化遺産の代表的な一覧表」に登録された。

【語源】カラムシは、「カラ（韓）から伝わったモシ（모시）（韓国語で「苧」）」のことである。

カラは、三世紀から六世紀中頃にかけて朝鮮半島中南部洛東江流域を中心として散在した小国家群伽耶《かや》国のこと（カラ国がカヤ国になった）。その後日本では、伽耶国だけでなく韓半島の国々全体を指すようになり、韓国《からくに》と呼んだ。韓国語のモシが日本では「むし」になった（o母音とu母音は、しばしば交替する）。

キハダ［黄檗］

山地に自生するミカン科の落葉高木。高さ二五メートルに達する。五～六月頃黄緑色の小花を開き、秋に球形の黒い実が熟する。樹皮の内側が黄色で苦みがある。大峰山を開山した役行者《えんのぎょうじゃ》が考案したと伝えられる胃腸薬陀羅尼助《だらにすけ》の主原料。陀羅尼助は、黄檗《おうばく》（キハダ）の樹皮の水製エキスにゲンノショウコなどを加え、陀羅尼経《だらにきょう》を唱えながら煮詰めたもの。

【語源】キハダは「黄肌《きはだ》」の意。

李寧熙によれば日本の色名「黄《き》」は、漢字「橘」の韓国音ギュㇽの語末音が消え、清音化したもの。肌《はだ》は「平らな表面」「底」「生地」などを表すバダ（現代語バダㇰ바닥）の語末音が消え、清音化したもの。

キランソウ

本州、四国、九州から朝鮮半島、中国に分布し、道ばたや土手に多く見られるシソ科の多年草。茎は四方に広がって地

キランソウ

面を這い、直立せず全体に多細胞の縮れた毛がある。春、葉のつけねに濃紫色の小花を数個つける。別名ジゴクノカマノフタ。

身近かにあって春、紫色の小花を咲かせるが、目立たない草である。しかしよく観察すると、紫色の小花は豪華絢爛《ごうかけんらん》たる衣装の布地のよう。「きらんそう」の名の由来を、日本人の誰もが解いていない。

【語源】キランソウの韓国名は、グムランチョ（금란초）で漢字表記は「金襴草《きんらんそう》」。「金襴緞子《きんらんどんす》」の金襴（錦の一種。平らな金糸を横糸にして模様を織り出したもの）である。キンランソウがなまって、キランソウになったのであろう。同属に、金襴を連想させるニシキゴロモという花もある。

クソカヅラ

アカネ科の蔓性多年草ヘクソカヅラ（屁屎葛）の古名。山野・路傍などに自生。葉は楕円形で全体に悪臭がある。夏、筒形で外面白色内面紫色の小花をつける。球形の果実は黄褐色に熟する。

【語源】悪臭があるので「汚い（臭い）かづら」の意味でクソカヅラと呼んだのであろう。

李寧煕は「くそ」と「かづら」の語源を解読している。

屎《くそ》は「汚いもの」を意味する韓国語グジャ・グジュ。韓国語のj音は日本語になるとS音になるので、グジュは「屑《くず》」「屎《くそ》」になり、グジャは「草《くさ》」にもなった。「かづら」「かつら」は「カツラ（桂）」の項参照。

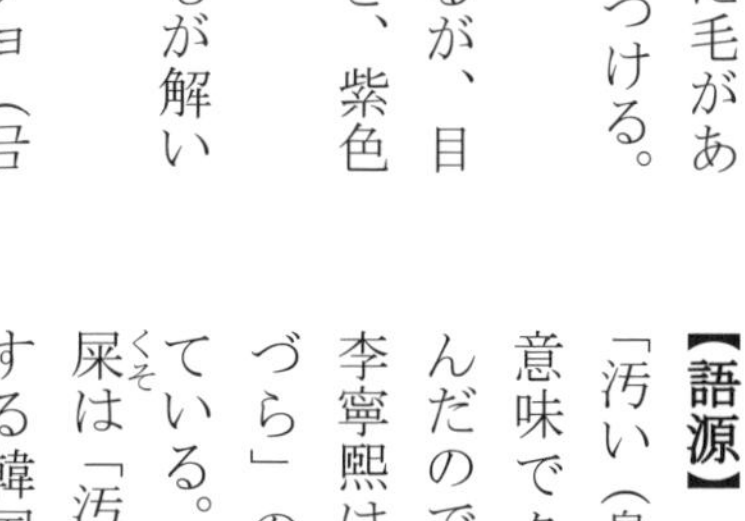
ヘクソカヅラ

コゴミ

オシダ科の山野の林中に生える落葉性の多年生草本クサソテツ（草蘇鉄）の別名。春に出るぜんまい状の若葉はコゴミ、またはコゴメと山菜の名として用いられる。春の山野草採りでこの草を見つけると、小躍りしたものである。

『牧野』は、「コゴミは若葉が巻いているのをかがんでいる状態に見立てたもので、ミというのは食用となる実質的な部分があるからである」としている。

【語源】クサソテツによく似たゼンマイ科のヤマドリゼンマイ（山鳥薇《やまどりぜんまい》）の韓国名は、コンゴビ（꿩고비）で、意味は「雉《きじ》＝（山鳥《やまどり》）薇《ぜんまい》」。コンゴビの語末音ンが略され、ビがミに変わり、コゴミになったのではないか。

コゴミ

サネカヅラ

モクレン科の常緑蔓性低木。山地に自生、観賞用にも栽培される。葉は長楕円形で厚く光沢がある。ふつう雌雄異株で、初夏、葉腋に淡黄色の花を開き、秋には美しい紅色の実を多数球状につける。ビナンカズラ（美男葛）ともいうが、これは昔、つるから粘液をとって整髪料として使ったためである。果実を漢方薬の五味子（チョウセンゴミシ・鎮咳去痰作用、強壮作用などがあるとされる）の代わりに使うこともある。果実は個々に落ちて、あとにはやはり真っ赤なふくらんだ花床が残り、冬までよく目立つ。

【語源】韓国語のサネ（사내）には「ますらお」の意味がある。「男」を指すサナイ（사나이）の略語。（『民衆エッセンス韓日辞典』）

サネカヅラの粘液は、整髪料として用いられた。整髪料を使うのは、成人になり髷《まげ》（サントゥ）を結う「一人前の男」である。髪を整えた「美男」と、一人前の男「サネ（サナイ）」。共に成人男子を示していると考えられる。「男の（使う）かづら」の意でサネカヅラと

サネカヅラ

呼ばれるようになったのではないか。カヅラは「周辺囲み」のガドゥラから。「カツラ（桂）」の項参照。

サワトウガラシ【沢唐辛子】

沼や水田の湿地に生えるゴマノハグサ科の一年草。夏から秋にかけて、上部の葉のわきから細長い花柄を出し、淡紫色のごく小さな一花を開く。がくは深く五片に裂ける。花冠は唇形で、下唇の中裂片は大きく二裂している。

『牧野』は「沢トウガラシの意味で、沢に生えトウガラシの果実に似ているのでいうがあまり似ていない」としている。

【語源】トウガラシ（唐辛子）とは何だろう。牧野富太郎博士は真面目だから唐辛子を真に受け、サワトウガラシが唐辛子の実にあまり似ていないという。似ていないのは当たり前で、唐辛子（韓国語でコチュ・고추）は赤ちゃんのオチンチンを意味しているのだ。

サワトウガラシの韓国名はジンタンコチュプル（진땅고추풀・湿地の唐辛子草）。ギンイプコチュプル（긴잎고추풀・長葉唐辛子草）とも呼ばれている。韓国名の「湿地」を「サワ（沢）」にかえ、トウガラシはそのままサワトウガラシと呼ぶことにしたものと思われる。

しかし、韓国で何故コチュ（トウガラシ）と呼ばれるようになったのか。サワトウガラシの小さな花は、唇形花冠の下唇の中裂片が大きく二つに裂けていて、まるでふぐりに入った二つの玉のように見える。それをコチュと見做したのであろう。唐辛子が何を意味するかは、韓国人なら子供でも知っている。比較的新しい名前のように思われる。

シダレヤナギ【枝垂れ柳】

ヤナギ科の落葉高木。中国原産で湿地に繁茂。枝は細く、垂れ下がる。糸柳。

『牧野』は、「しだれ」「やなぎ」とも自然な日本語と見做して、語源に触れていない。

「しだれ」について大抵の解説書は「枝《シ》垂れ」あるいは「下垂《した》れ」と述べている。「枝垂れ」だとすると重箱よみになるし、「下垂れ」だとすると「した」の「た」が略されるのもまた不自然だ。

シダレヤナギ

【語源】「しだれ」は韓国語シルダレ（실다래）である。意味は「糸（のような）垂れ」。「し」はシル（糸）の語末音ルを省略したもの。「だれ」はダレ（垂れ）。シダレヤナギは、イトヤナギ（糸柳）ともいうが、シダレザクラもイトザクラ（糸桜）という。いずれも枝が細く、「糸」を垂らしたように垂れているからである。また、ダレは現代語にマルダレ（말다래）がある。馬の背から垂らす「馬（マル）の泥除け（ダレ）」で、ダレは「前垂れ（エプロン）」と同じように「垂れるもの」である。

ジュウヤク【十薬】

ドクダミ科の多年草ドクダミ（蕺草）の別称。初夏、茎頂に、四枚の白色の苞《ほう》のある棒状の花序に淡黄色の小花を密生。全草を乾したものは生薬の蕺薬《しゅうやく》で、消炎・利尿剤などとして用い、葉は腫物に貼布して有効という。

ドクダミの花

『牧野』は「ジュウヤクは蕺薬の字音にもとずくとか、または馬に与えると十種類の薬の効能があるので十薬というのだともいわれている」と述べている。

【語源】「どくだみ」の韓国名は二つある。一つはシブジャプル（십자풀）「十字草」（白い花弁のような四枚の総包片を十字につけるから）、もう一つはヤクモミル（약모밀）「薬蕎麦《そば》」（薬用になる蕎麦と見做した）である。この草の二つの名の頭の字を合

せると「十薬」になる。

ショウジョウバカマ【猩猩袴】

ユリ科の多年草。山地の斜面や湿地に多い。葉は細長く全縁。地にひろがる葉を袴に見立て、花の紅紫色とあわせて命名（『広辞苑』）。

『野草の名前―春』（高橋勝雄）は「花後、一時的に花が赤くなるのを能の猩々《しょうじょう》の赤顔に、葉を袴に見立て、この名前がある」と、わざわざ挿絵つきで解説している。

【語源】韓国名はチョニョチマ（처녀치마）で、意味は「処女《しょじょ》チマ」。袴《はかま》はチマ（裳）の一種だから、日本でこれを「処女袴《しょじょばかま》」と呼んだ。しかしどう間違えたのか「しょうじょう袴」になり「しょうじょう」に「猩猩」という架空の動物が当てられて今日《こんにち》に至っている。なお、袴の語源は、バガマで「穿《は》く裳《も》」のこと。「穿く」は動詞バクダ（박다）「差し込む」の語幹である。「ま」と「も」は、日韓でよく入れ替わる。

ショウジョウバカマ

スイカ【西瓜】

ウリ科の一年生果菜。アフリカ中部原産とされ、日本には十六世紀～十七世紀に渡来したという。『牧野』は、「漢名、西瓜の唐音から転化したもの」としているが、「西」の唐宋音はセイであってスイでない。

『薬草博物誌』（安田齊）は、『すいか』は『水瓜』の音よみとの説もある」と述べている。水瓜は『学研漢和大字典』にないので中国語ではないが、韓国の『漢韓大辭典』には、西瓜・水瓜がともに記載されている。「水瓜」の語は韓国に存在するのである。

【語源】『民衆エッセンス韓日辭典』（民衆社）には、スバク（수박）（スは「水」バク「瓠《ふくべ》」のこと）があり、「西瓜（水瓜）」と記されている。韓国では、西瓜は水分が多いので水瓜ともいわれ、日本で漢字「水瓜」を音よみしてスイクワと

呼びスイカになったと考えられる。

スッポンノカガミ

スッポンノカガミは、トチカガミ科トチカガミ属の多年草トチカガミ（鼈鏡）の別名。各地の沼湖などに生える多年生の浮葉植物。葉は径五〜六センチの円形、葉柄につづく部分は心臓形で質は厚い。先端の葉身は、スイレンの角を丸くしたような形で、裏面中央に盛り上がった部分があり、このふくらみが浮き袋になって水面に浮かぶ。漢名は水鼈。

『牧野』は、「トチカガミは『スッポンの鏡』の意味で、トチはスッポン、鏡は葉が円形で艶々しているところからいう」としている。

トチカガミ

【語源】スッポンノカガミの韓国名はジャラプル（자라풀）で、意味は「スッポン草」。日韓の呼び名は、スッポンで一致している。

なお、漢名の「水鼈」は、スッポンのこと。漢音ではスイヘツだが、韓国音ではスビョル（수별）。このスビョルが訛ってスッピョルになり、スッポンになったのではないか。

センダイハギ【先代萩】

涼しい地方の海岸に生えるマメ科の多年生草本。キバナセンダイハギと呼ばれることもあるが、これは別属のムラサキセンダイハギと区別しやすいように使われている呼び名。

語源を『牧野』は、「先代萩の意味で、本種は北地に多く見られ、宮城県の仙台も北方にあり、しかも歌舞伎十八番に仙台に関係のある先代萩という下題があるので、その名を採用したものであろう。要するに北地の萩とでもいう意味である」と述べている。

『牧野』の解説は、先代萩としながら仙台との関係にも触れ、「先代」なのか「仙台」なのか、よく分からない。

また、『野草の名前―春』（高橋勝雄）は、「北国の寂《さび》れた漁港のそばに咲くことから『船台萩』だ」としている。

【語源】先代か仙台か船台か。これを決める鍵は、この植物の韓国名である。韓国名はチョンデサリ（천대싸리）（サリは「ハギ」）。漢字表記は「千代萩」。先代・仙台・船台は、いずれもソヲンデ（선대）と発音され、「千代」のチョンデ（천대）とは音が違う。

チョンデサリはチョンジンサリ청진싸리（清津《チョンジン》萩）とも呼ばれている。清津《チョンジン》は、現在の朝鮮民主主義人民共和国咸鏡《ハムギョン》北道の日本海に面した都市。センダイハギは多年草で、涼しい地帯に生えながら長年枯れない。それで「千代」と名付けられたのであろう。

センノウ【仙翁】

ナデシコ科センノウ属の多年生草本で、古くから観賞花草として庭園に植えられている。

語源を『牧野』は、「センノウは仙翁で、この草はもとは山城（京都府）嵯峨の仙翁寺にあったので、このようにいう。また古名のコウバイグサは紅梅草で、花の形と色に基づいたものである」と述べている。

【語源】韓国に仙翁草（선옹초）と呼ばれる植物がある。センノウと同じナデシコ科（韓国ではセキチク科）のムギナデシコ（麦撫子、韓国名「麦編笠花 보리패랭이꽃」）の別名。

オグラセンノウ

一方、一九〇三年に、熊本県阿蘇山で採取された標本を見た牧野富太郎博士によって、新種として紹介されたオグラセンノウ（小倉仙翁）には、Lychnis kiusiana Makino という学名がつけられている。

韓国に、これと同じ学名を持つ紅梅童子花（ホンメ

ドンジャコッ・홍매동자꽃）がある（姫童子花 가는동자꽃とも呼ばれている）。「小倉仙翁＝Lychnis kiusiana MAKINO＝紅梅童子花」の等式が成り立つ。

日本の古名といわれるコウバイグサの「紅梅」が、今もこの植物の韓国名として存在するのである。センノウ・コウバイグサの名は、この花と共に韓国から伝わったのであろう。

オグラセンノウは、絶滅危惧種に指定されている。

ソテツ【蘇鉄】

ソテツ科の裸子《らし》植物。琉球や九州南部に自生しているが、観賞品として各地に栽培されている常緑樹。『牧野』は「蘇はよみがえるの意味であって、衰弱して枯れそうになった時、鉄くずを与えたり、鉄くぎをさすと元気をとりもどすといわれていることから来ている。漢名は、鳳尾蕉、番蕉、鉄樹など」としている。

ソテツ

【語源】「蘇鉄」は、漢和辞典の『学研漢和大字典』に見られず、国語辞典の『広辞苑』にはある。韓国の『漢韓大辭典』『民衆エッセンス韓日辭典』にはソチョル（소철）「蘇鐵」と載っている。

つまり蘇鉄は中国語でなく、日韓にのみ通用する漢字熟語なのである。蘇鉄は日本人に親しまれている樹木で、中国から伝わったと思われているが、実は韓半島で蘇鉄と名付けられ、日本に入って来たと考えられる。

漢字熟語の植物名で、和名と韓国名が同じで漢名が異なる（あるいは漢名がない）ものが相当数ある。福寿草・南天・生姜《しょうが》・落葉松《からまつ》・馬酔木《あしび》などで、蘇鉄もその一つである。

ダイダイ【橙】

ミカン科の常緑低木。果実は冬に黄熟するが、翌年の夏には再び緑色にもどるので、回青橙の名が

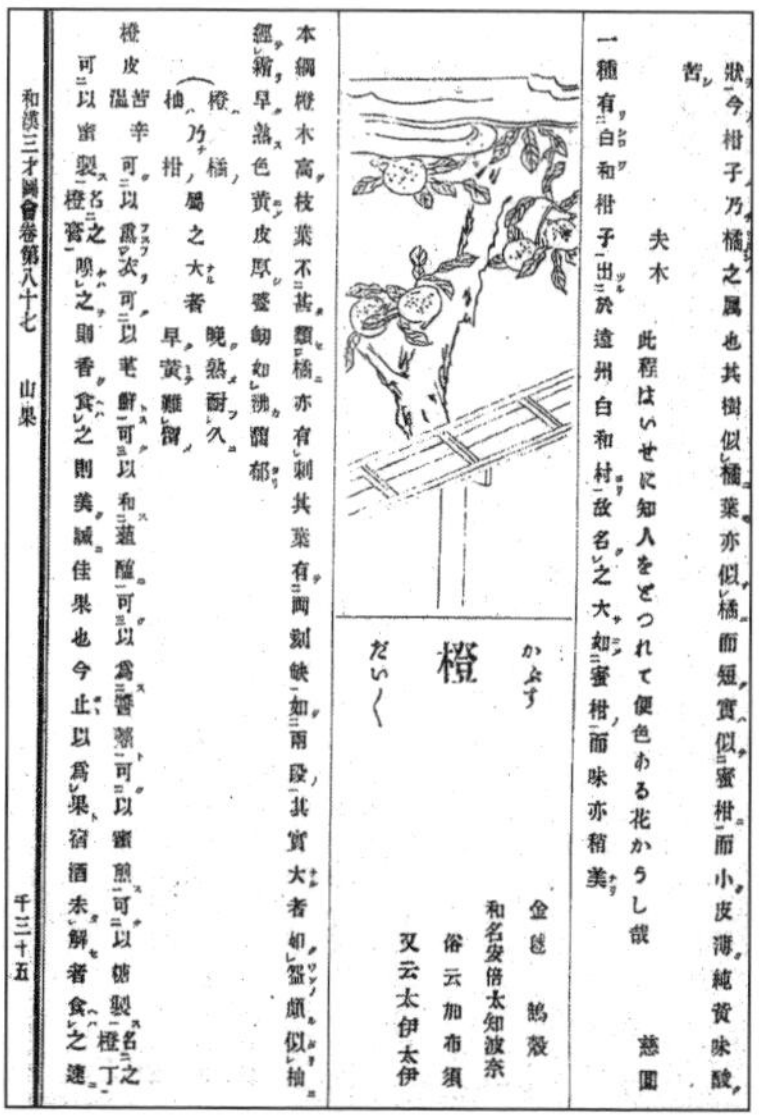

『和漢三才図会』「橙」
国会図書館デジタルコレクションより

ある。

『牧野』は「代々の意味で果実が年を越して後も木についていることによる」としている。

しかし、この説はおかしい。「代々」という言葉は単独では用いられず、動詞を伴って初めて具体的な意味を持つ。『広辞苑』（岩波書店）では、編纂者の新村出《しんむらいづる》はこの説を採らず「ダイは橙の中国音の転訛《てんか》」としている。

『学研漢和大字典』は、「橙」を「一、だいだい（蜜柑の一種）二、からだをのせる台や、こしかけ」としている。また、江戸時代の図説百科事典『和漢三才図会』には、「橙」が「木製の台」であることが挿絵入りで記されている。

【語源】漢字「橙」に「木製の台」の意味が含まれるが、ダイダイは「台《だい》の木」でもある。接木《つぎき》のさいに、接木植物の地下部となる部分を「台木（接ぎ台）」という。寒い地域で普通に植えた場合、枯れてしまう種類の柑橘類を、耐寒性の強いダイダイを台木にして接ぎ木すれば育てられるようになる。台であり、台木であることから、ダイダイと重ねたと考えられる。

チチ【知知】

クワ科の落葉低木イヌビワ（犬枇杷）の古名。チチと名づけられたのは、イヌビワの実が乳首に似ていて、樹液が白く、乳のようだから。

【語源】「乳」の語源は、

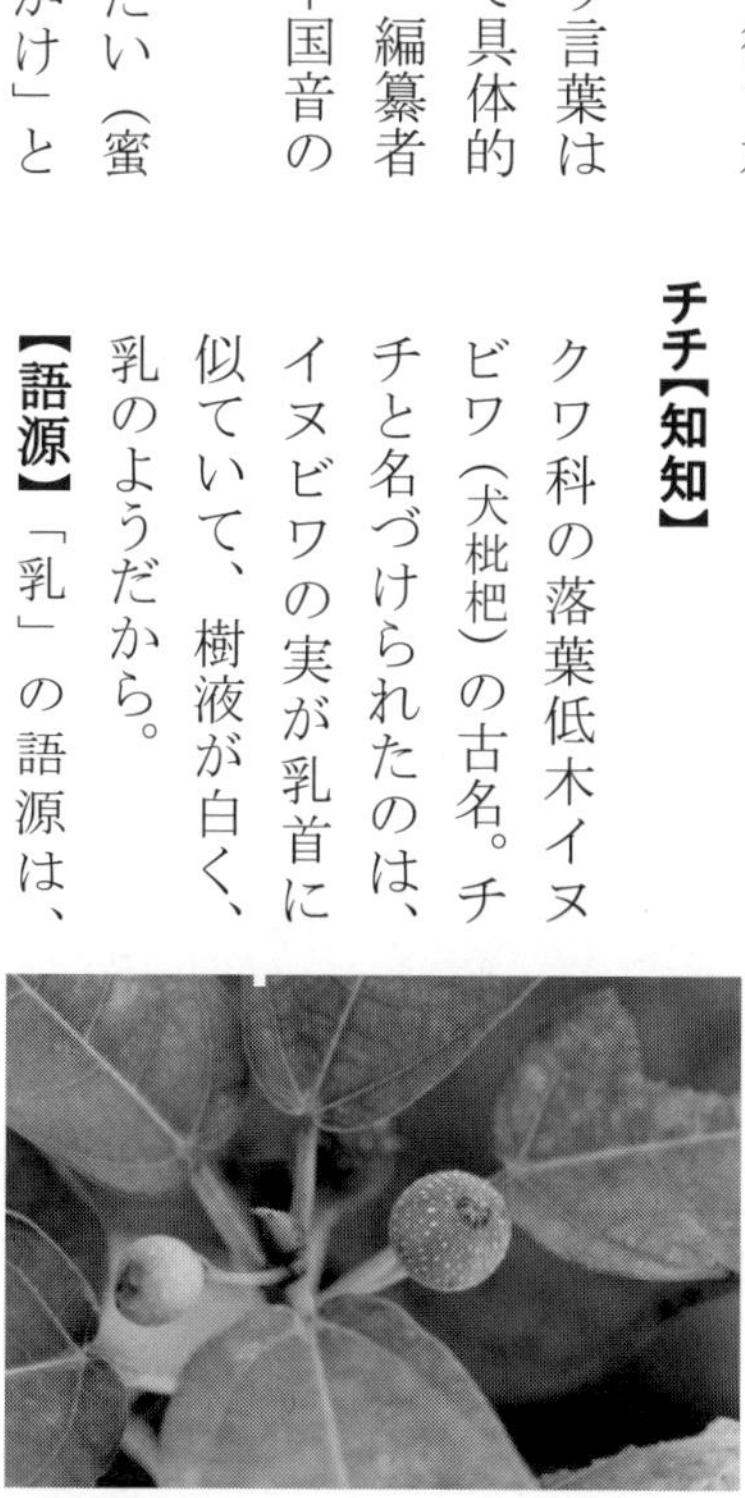
イヌビワの実

乳（おっぱい）の古代韓国語ジョッ。j音がch音になって「ち」になり、身体に二つあるから重ねて「ちち」になった。乳の現代語はジョッ(젖)。犬枇杷の韓国名はジョッコクチナム（젖꼭지나무）で、「乳首の木」。

チャンチン【香椿】

センダン科の落葉高木。材は美しく家具・楽器、また桶などを作る。中国原産。漢名は椿・香椿。『牧野』は「漢名である香椿の中国音ヒャンチンから転じたもの」としている。しかし音としてのヒャンが、チャンになった例があるのだろうか。

【語源】漢字「椿」はこの樹木チャンチンを指すが、「椿」をツバキと訓むのは国訓である。

つまりツバキの「椿」は「にせの椿《チン》」で、チャンチンのチンは「本物の椿《チン》」なのである。

チャンチン

韓国語の接頭語チャㇺ(참)は「本物・真実の意を表す語」であるが、植物の名称にも用いられている。たとえば「チャㇺ竹」は「真《ま》竹」である。「真（チャㇺ）椿（チン）」の意味でチャㇺチンと呼んだものが、チャンチンになったのではないか。

ツキ【槻】

ニレ科の落葉高木ケヤキ（欅）の古名。

【語源】ツキという言葉は、天体や時間の単位「月」の場合「回るもの」のドギが語源（天体語九三ページ参照）だが、もう一つの「ツキ」は「中に入ること」のドゥルギ（들기）。港を指す「津《つ》」と同源。ケヤキは「開いている・家・木」の意。（一三五ページ）木の洞《うろ》にはよく小動物が巣を作る。中に入る・居住する「ツキ」、開いている家の木「ケヤキ」、共に、動物の巣のある木を示したものではないか。

ツバメオモト【燕万年青】

本州中部以北の高山の樹陰に生えるユリ科の多年

生草本。六月頃、葉中から花茎を出し、梢に小花柄のある白い小花を開く。短い頭状花序をしている。

『牧野』は「ツバメオモトは草状に基づいていうが、つばめはいかなる意味かわからない」としている。

【語源】ツバメオモトの「つばめ」の由来は韓国名にある。韓国名は二つあり、一つはナドオㇰジャムファ（나도옥잠화）で「私も玉簪花《タマノカンザシ》」の意味。

もう一つはジェビオㇰジャムファ（제비옥잠화）で意味は「燕玉簪花」。

ギボウシ

タマノカンザシ

これらに共通するタマノカンザシとは、ギボウシ属の多年草のこと。ギボウシの韓国名はゲオクジャムファ（개옥잠화）。意味は「贋《にせ》タマノカンザシ」である。

タマノカンザシ・ギボウシ・ツバメオモトは花の様子が似ているため、同じような名前がつけられているのだが、注目すべきは韓国でもツバメオモトを「つばめ」の付いた名で呼んでいることである。

ジェビオクジャムファ（燕玉簪）はその名と共に日本に伝わり、「ツバメ」はそのままに、同じ多年草で馴染みのある万年青《おもと》と結びつけられ、ツバメオモトという日本名になったと推定される。

ツバメオモト

トクサ【木賊】

トクサ科の常緑シダ植物。茎は珪酸を含み堅い。

茎の充実している秋に刈り、物を磨《みが》くのに使う。『牧野』は、「砥草《とくさ》、つまり砥石代用の草の意味で、温湯で煮て乾燥した茎で物を磨くのでこの名がある」としている。

「砥ぐ草」だとするが、この草は「砥ぐ」のではなく「磨《みが》く」のに用いる。

また葉もないこの草は、外観上「草」というには相応《ふさわ》しくない。

【語源】韓国の言語学者、金思燁《ギムサヨブ》氏は『古代朝鮮語と日本語』の中で、トクサはソクサイ「束茅」としている。現代語はソㇰセ（속새）。「束になった茅」の意である。S子音はT子音と入れ替わる。「ふさぐ（塞ぐ）」は「ふたぐ」になる。ソクサイは「とくさ」になり得るのである。

トクサ

ナギ【水葵】

ミズアオイ科ミズアオイ属。淡水に生える抽水植物。一年草。茎は横に這う根茎となって斜上し、葉が束生する。葉身はハート形で長さ五〜二十センチ、上部は鋭頭、縁は全縁、質は厚く光沢がある。アオイの葉に似るが水草なのでミズアオイ（水葵）という。ナギ（菜葱）、ミズナギという別名で呼ばれることもあるが、これは同属のコナギ（小菜葱、子菜葱、小水葱、子水葱）の別名でもある。

【語源】ナギは「出る（出す）もの」の意とアララギ項で説明した。

「葱《ねぎ》」の語源も「出すもの」の意のネギである。ネギとナギは同義。水葵は「水中の葱」の意。

ヌスビトハギ【盗人萩】

マメ科の多年草。二節から成る平らな莢《さや》には細かい鉤《かぎ》状の毛を有し、熟すと他物について運ばれる。

『牧野』は、「泥棒が室内に侵入する時、足音のしないように、足の裏の外側を使って歩くその足跡に、豆果の形が似ているというのでこの名がついた」とする。

【語源】この草の名前にどうして「盗人《ぬすびと》」が出てくるのか。牧野博士は中国の植物に関する文献には精通しているが、韓国の植物図鑑など見たこともないのだろう。韓国ではこの草をドドウクノムウィガルゴリ（도둑놈의갈고리）「盗人の鉤《かぎ》」と呼んでいる。ノム（놈）は「奴」「野郎」の意味だから直訳すれば「盗人野郎の鉤」。これが日本に伝わってヌスビトハギと呼ばれるようになったものと思われる。

ヌスビトハギの豆莢

ネズミモチ【鼠黐】

モクセイ科イボタノキ属の常緑低木。本州中央以西の暖地の山に自生するが、よく生垣として植えられる。高さは二メートル内外、幹は直立し灰色、枝はよく分枝する。果実は長楕円形で紫黒色に熟し、ネズミの糞《ふん》に似ているので俗にネズミノフン、ネズミノコマクラともいう。『牧野』は「ネズミモチは、果実がネズミの糞に似て、木がモチノキに類するために名付けられた」とする。

【語源】「実がネズミの糞に似ているからネズミモチ」とは、いささか興ざめなネーミングであるが、その元は韓国にある。同じような黒い実をつ

イボタノキ

ネズミモチの実

ける同属の落葉低木イボタノキ（水蠟の木・伊保多木）を、韓国ではジュイトンナム（쥐똥나무）と呼んでいる。意味は「鼠《ねずみ》の糞の木」である。落葉低木イボタノキの韓国名にある「鼠」が、同じような実をつける常緑低木ネズミモチに付けられて用いられるようになったと考えられる。『国語大辞典』（小学館）には、長崎県南高来郡・鹿児島県でイボタノキをネズミモチと呼んでいるとあるが『日本植物方言集成』（八坂書房）には三重・福岡が載っている。長崎県壱岐では「ねずみの木」と呼ばれている。

ネブ【合歓木】

ネブはマメ科の落葉小高木ネムノキ（合歓木）の古名。漢字名の「合歓木」は、中国でネムノキが夫婦円満の象徴とされていることから付けられた。葉は偶数羽状複葉。花は頭状花序的に枝先に集まって夏に咲く。淡紅色のおしべが長く美しい。香りは桃のように甘い。果実は細長く扁平な豆果。イラン、アフガニスタン、中国南部、朝鮮半島、日本の本州・四国・九州に自生する。

【語源】ネムノキと呼ばれるのは、小葉が夜間に閉じること（就眠運動）に由来。日本語「ねぶる（眠る）」の語源は、「横になる」の意の韓国古語ネブ（neb）。現代語で「横になる」はヌブタ（눕다）。

ネムの花と閉じた葉

ハマボウ【浜朴・黄槿】

アオイ科の落葉低木。夏に枝先に直径五センチくらいの柄のある黄色い花が一～二個咲く。

語源を『牧野』は、「ハマボウは浜に生えるホオノキの意味」としていた。ところが、二〇〇八年に出版された『新牧野日本植物図鑑』では「『ホウ』の意味は不明。『フヨウ』の転訛ではないか。もう一つの漢字名『黄槿』（黄色のムクゲ）も誤用であろう」としている。

【語源】「ホウの木」はモクレン科。ハマボウはアオイ科で、葉も花も「ホウの木」と似ていない。ハマボウの韓国名は、ケッブヨン（갯부용）で漢字表記「浜芙蓉」。これなら分かる。芙蓉もアオイ科で、ハマボウの花と似ている。ハマボウは「浜ホウ（の木）」からでなく、「浜芙蓉《はまふよう》」が訛ったものであろう。牧野博士はこれに気がついたものか。

ハマボウ

フノリ【布海苔】

海産の紅藻類の一属。マフノリ・フクロフノリなどの総称。また布海苔は、フクロフノリを板状に干し固めたもの。煮て糊《のり》に用いる。

語源として『語源辞典―植物編』（吉田金彦編著）は、「枝状の藻が節《ふし》くれ立っているところから、フシノリ（節海苔）のシが取れたもの」としている。

【語源】布海苔は、韓国名でプㇽガサリ（풀가사리）。プㇽは「糊」、ガサリは「紅藻の一種」の名称である。すなわち韓国では、この海草を「糊ガサリ」と呼んでいる。

「ふのり」の「ふ」は、糊のプㇽの語末音「ㇽ」が略され、プが「ふ」になったものではないか。だとすると「ふのり」は「糊《のり》（にする）海苔《のり》」ということになる。

なお海苔の語源は、「干すもの」の意のノヲリから。海苔は、岩に苔のようについているものを掻き取り、筵《むしろ》などの上に広げ、干して食用にしたもの。

ヒシ【菱】

ヒシ科の一年生水草。葉は互生で、茎の先端に集まってつき、三角状の菱形で水面に放射状に広がり、一見すると輪生状に広がるように見える。果実を横から見ると、菱形で両端に逆向きの二本の鋭い刺《とげ》（がくに由来）がある。秋に熟した果実は、水底に沈んで冬を越す。食用。

オニビシやヒメビシの実を乾燥させたものは、撒菱《まきびし》として、忍者が追手の足を止める小道具になる。

ヒシの葉と実は、平仮名の「く」の字を二つ合わせた形をしていて、菱形の名称はこれから付けられたとされている。

【語源】菱は、身体部位の臂《ひじ》と同源。臂の語源は、韓国語ビシ(古音ビテイ)。動詞ビジブタ(비집다)の語幹に当たる。

「かきわけて入る」「割り込む」「こじあける」の意。

臂は、くの字に曲がり、割り込み、こじあける働きをする身体部位なのでビジとよばれた。

ヒシの実

ヒシの葉

ヒノキ【檜】

ヒノキ科の常緑高木。日本では建材として最高品質のものとされる。

世界最古の木造建築物として今日までその姿を保っている法隆寺ほか、主として奈良県内に存在する歴史的建築物はいずれもヒノキを建材としている。二十年に一度行われる伊勢神宮の式年遷宮で使われる用材もヒノキである。樹皮も檜皮葺《ひわだぶき》の材料に使われる。

【語源】ヒノキの古代韓国名はビシゲ。ビシは「櫛《くし》」のこと。現代語ではビッ(빗)。ゲは「木」。つまりビシゲは「櫛の木」。檜の葉は櫛のような形をしているので、「櫛の木」と呼ばれたのだが、ヒノキには抗菌作

ヒノキの葉

用があるので実際に「櫛」の材料としても使われた。

マクワウリ【真桑瓜】

ウリ科の一年草。日本には古く渡来したとされる。漢名は甜瓜。

『牧野』は、「昔、美濃（岐阜県）の真桑村が上品の産地だったので名付けられた」とする。真桑村は、岐阜県本巣郡真正町に上真桑・下真桑の地名があってその名を留めているが、一地方の村の名が、全国名として知られる「まくわ」になったのであろうか。

【語源】マクワウリは、「真瓜《まうり》」「真瓜《まくは》」「甜瓜《あまうり》」などと呼ばれていた。漢字「瓜」の漢音・韓国音はクヮ・グヮで日本語では「か」か「くわ」になる。「真瓜《まくは》」の「瓜」にこの音を当てると「まくわ」になる。

マクワウリ

一方マクワウリの韓国名はチャムウェ（참외）で、意味は「真の（本物の）瓜」。すなわちマクワウリは、韓国でも「真瓜」と呼ばれているのだ。

「真性」「完全」の意の日本語「真《ま》」は、現代韓国語のマッ（맏）に対応する。マッは「一番目」を表すが、「最上」の意味もある。食用として最も好まれたマクワウリは、韓国ではチャムウェ「真（の）瓜」と呼ばれ、それが日本に伝わって真瓜《まくは》になったのであろう。

ママコナ【飯子菜】

ゴマノハグサ科の一年生の半寄生植物。北海道南部、本州、四国、九州、朝鮮半島南部に分布、山地の林のへりなどの乾いた場所に生える。

『牧野』は、「飯子菜で若い種子が米粒によく似ているのでいう」としている。確かに米粒を連想させる花でもあるが、しかしこれは、「継子菜」で、継子に食べさせたい、まずい菜の意味であろう。

【語源】韓国名はミョヌリバブプル（며느리밥풀）

で、意味は「嫁の飯草」。茎に刺《とげ》のある「ままこのしりぬぐい」が韓国ではミョヌリミッシッゲ(며느리밑씻개「嫁の尻拭い」)である。韓国で「嫁いびり」を表す二つの草が、日本では「継子いびり」に置き換えて用いられているのである。

ママコナ

ママコノシリヌグイ

マンサク【満作】

マンサク科の落葉大低木。山地の自生。早春、黄色・線形の四弁花を開き、楕円形の蒴果《さくか》を結ぶ。山形県・宮城県などに「マンサクの花が多いと豊作」といういい伝えがある。マンサクは稲作を占う予兆として眺められてきた。

『図説草木名彙辞典』(木村陽二郎監修)は、「たわわに黄色く実る状態を稲の満作に見立てたとも、早春開花のため、『まず咲く』とも」、としている。「まんさく」は、「満作」なのか「まず咲く」なのか。これは、この木の韓国名を見ればすぐに分かる。

【語源】韓国名はプンニョン(풍년)で、意味は「豊年」。豊年満作……。この樹木は韓国で「豊年」と呼ばれていたから、日本で「満作」と名づけたのであろう。

マンリョウ【万両】

ヤブコウジ科の常緑低木。広く観賞用として栽培される。果実は球形で径約六ミリ、赤く熟し下垂する。「漢名として硃砂根を用いるが誤りである」(『牧野』)。

目出度いとされる、赤い実がつく万両と同属のヤブコウジは十両、カラタチバナは百両と呼ばれている。また、センリョウ科にはセンリョウ(千両)がある。万両の名は、漢名ははっきりしないが、江戸時代後半から資料に出てくる。いわゆる古典園芸植物のひとつで、江戸時代には葉が縮れたりした変異個体が選抜されて、多様な品種群が栽培された。

マンリョウ

【語源】万両の名はどうして付けられたのか。以下は私の推理である。

万両の韓国名は百兩金。百兩金は江戸時代後半頃、韓国から日本に渡って来た。これをどう呼ぼうか。

日本には、すでに百両と呼ばれるカラタチバナがあった。では一桁上げて千両とすればと考えたが、千両もあった。

十両、一両（アリドオシの別名・アカネ科）もある。それで、とうとう二桁上げて万両と呼ぶことになった……。

ミクリガヤ【実栗萱・三栗萱】

カヤツリグサ科の多年草。台湾、マレー半島、インドネシアに分布し、日本では本州の東海道以西、九州、琉球列島などの低湿地に生える。八～九月、茎の上部に三～五個の頭状花序をつける。花序は開出した長い葉状の苞の腋につき、球形の径一・五センチほどあって、多数の小穂をクリのいが状に密生する。

『牧野』は、「日本名は実栗カヤで、実栗は小穂のつき方が水草のミクリ（み

ミクリガヤ

ミクリ

くり科）に似ているから。ミクリは果実をクリの『いが』に見立てたもの」としている。『牧野』は、ミクリを「実栗」つまり「実（が）栗」と解しているが、そうだろうか。

【語源】「みくりがや」の韓国名は、ムルバムソンイ（물밤송이）で「水（の中の）毬栗《いがぐり》」の意。これから判断して、ミクリは「実（が）栗」でなく、「水（の中の）栗」と思われる。

ミソガワソウ【味噌川草】

北海道、本州、四国の深山の河原に多く見られるシソ科の多年草。葉は揉《も》むといやな臭いがする。『牧野』は、「木曾の味噌《みそ》川に多く、旅人の目についたので、味噌川の名がある」としている。名古屋駅からJR中央本線で長野市に向かう途中に藪原駅があって駅

ミソガワソウ

の建物近くに「味噌川ダム」の看板がある。味噌川は木曽川の最上流である。このような一地方の山中を流れる川の名が、シソ科のこの草の名につけられたのだろうか。

【語源】ミソガワソウの韓国名はガンジャンプル（간장풀）で、意味は「醤油草」。韓国で醤油草と呼ばれた、揉むといやな臭いがするこの草が日本に伝わり、醤油を味噌に替え味噌川草と呼ばれたのではないか。

ミソハギ【禊萩】

ミソハギ科の多年生草本。野原や山のふもと等の湿った所に生え、夏秋の頃、紅紫色の花を開く。時々仏前の花として人家に栽培される。漢名は千屈菜。

『牧野』は、「ミソハギは禊萩（ミソギハギ）の略であるといわれ、みぞ

ミソハギ

に生えるハギ、すなわち溝萩とするのは誤りである」とする。誤りと断定してよいのか。またこの草を「みそぎ」に用いたという証拠はあるのか。仏前の花として用いる草が、神道の禊に用いられたのであろうか。

【語源】韓国名はブチョコッ（부처꽃）で、意味は「佛花」。この草を仏花とするのは日韓共通なのである。「みそはぎ」は、「溝萩」でよいのではないか。「みず」の変化が「みぞ」であり、その清音化したものが「みそ」である。鳥の「みそさざい」は「水（溝）辺の雀」の意。

古代人は、植物に凝った名前をつけない。ミゾソバ・ミゾハコベ・ミゾシダなど水辺に生える植物を「溝《みぞ》〇〇」という素朴な名で呼んだのである。

ムラサキ【紫】

ムラサキ科の多年草。高さ約五十センチ。日当たりの良い草地に自生。夏、白色の小花を開く。根は紫色。乾燥した物が生薬の紫根《しこん》で解毒剤・皮膚病薬とするほか、紫色の染料とした。紫は高官が身に付けるべき高貴な色として尊重され、濃い紫は禁色《きんじき》で一般の使用が禁じられた。江戸時代には染められた絹を鉢巻にして、病気平癒の為に頭に巻く風習が生まれた（病鉢巻）。岩手では江戸時代、紫根は南部藩の特産品だった。ムラサキは現在、絶滅危惧種に指定されている。

【語源】「むらさき」の語源は「紫色」を指すボラセク。（보라색）ボラは「紫色」、セクは「色」の意なので、ボラセクといえば「紫色の色」と「色」を二重に重ねていることになる。韓国語ではb音とm音はしばしば入れ替わるので、ボラが「むら」になり、セクの語末音が伸びて「さき」になった。

植物写真提供
・笹野義一・山崎秀樹
・ミクリガヤ写真提供　松井雅之
「上州花狂いの植物散歩 ～失われゆく植物を求めて」http://jousyu2.sakura.ne.jp/

『まなほ』内容案内

1999年度（①：1999年7月から2000年5月まで）

創刊第１号：『万葉集』巻3-264・柿本人麻呂作／巻3-265長忌寸奥麻呂作

※人麻呂の有名歌は文武夫人藤原宮子へのラブレターだった。日本古典の代表的作品『源氏物語』のモデルは6・7世紀の万葉人！という新説も紹介。

日本史の真相に迫る鍵は『万葉集』の真の解読と『源氏物語』『日本書紀』『古事記』などの読み合わせにあった。

第２号：『万葉集』巻3-266・柿本人麻呂作

「白錦後苑」は慶州「雁鴨池」のミニチュア版

その1「富本銭」その2「飛鳥池井戸枠の落書き」

※韓国語のフォーカスで遺跡発掘を追究すると、鮮明な意味が浮かび上がってくる。

※1号・2号の巻3三首の連続解読で、『万葉集』の明確な編集方式が判明。

第３号：『万葉集』巻2-91・天智天皇作／『万葉集』巻2-92・鏡王女作

※「相聞歌」には違いないが具体的で衝撃的な夫婦の会話から歴史の真実があからさまになる。不比等は天武の子だった。不比等の父となった藤原鎌足は、大和の鉄を牛耳る「鉄の親分」だった。

第４号：『万葉集』巻2-93・鏡王女作

「天武天皇は淵蓋蘇文か」（『歌う歴史』より）

※『日本書紀』などと比較検討すると万葉歌の作歌時期の特定も可能になる。鎌足の動きを封じた鏡王女の宣言。権力闘争の陰に「鉄」を巡る争いがあった。

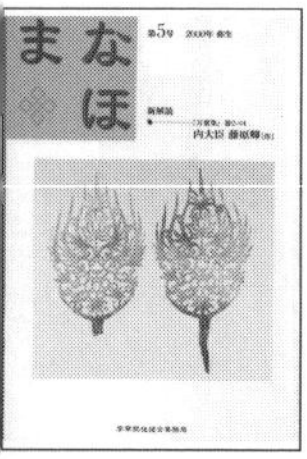

第５号：『万葉集』巻2-94・藤原卿作

「古代韓国語でよまれた日本の古地名」「韓国語になった日本語」（『歌う歴史』より）

※91～94（95の大意を含む）の連続解読で、鏡王女の出自、不比等出生の秘密など、日本歴史の根源に迫る。『日本書紀』の読み直しも可能になる。

第６号：数詞の語源「一・二・三…十・百・千・萬」

「日本列島覇権を争う濊と貊」（『歌う歴史』より）

神々の名前を解くと歴史が現れる

※日本数詞は高句麗語だった。基礎語の一つ数詞が整然と解明され、数詞に込められた高句麗の野望が明らかに……。

2000年度（②：2000年7月から2001年5月まで）

第７号：三重県無形文化財「大王町わらじ曳き」祭文
「文武王は淵蓋蘇文の息子なのか」（『歌う歴史』より）
※大王町に伝わる祭は文武救出劇の再現だった。新羅王文武は、唐の圧迫から逃れるため、死んだことにして日本へ亡命した。嵐で遭難した文武を救った大王町の人々は、祭りを今に伝える。

第８号：『万葉集』巻8-1419・鏡王女作
「法隆寺の謎の十二文字」
新羅の「ハンガウィ」と日本の「賀我比」／「日本に渡ったサプサルゲの話」(『歌う歴史』より)／語源エッセイ「老人運転」
※鎌足の息子貞慧は、中大兄に殺された。鏡王女の歌は、中大兄と同母妹間人の恋も告発する。

第９号：月の異称「睦月から皐月まで」
「韓・日両国の身体語」（『歌う歴史』より）
編集部のティータイム
※月の異称は「農耕と鉄のカレンダー」だった。

第10号：『日本書紀』の書かれ方Ｉ
ー副題『万葉集』を訓むと日本史が見える
※天武4年から天武10年までの『日本書紀』の記述を順に解明。神功皇后紀の難訓神名に隠された暗号を新解読。仮名で密かに来日した新羅王子・後の文武は実父天武と対面した。神功皇后の新羅出兵が意味するものは？

第11号：『万葉集』巻8-1418・志貴皇子作
「2002年韓日共催ワールドカップサッカーのためのシンポジウム」
主題論文要旨：韓国人が見た日本「清潔、団結、そして優越劣等意識」
「鏡王女探訪」（寄稿）
※春雑歌の冒頭にある有名歌の真の意味は…。志貴皇子は天智の子ではなかった。何の「懽び」の歌か分からなかった誤訳歌。天智一派による鎌足の子貞慧暗殺を暴露する。

第12号：『日本書紀』の書かれ方Ⅱ
編集部のティータイム（韓国語四方山噺）
※天武11年から持統紀まで。天武の死と後継争い、持統朝の実態から文武即位に至る過程を徹底追究。文武には60歳で持統との間に設けた娘がいた。「60にあたりて生める……」という名の皇女は多紀。巻末に新解読済み関連万葉歌を掲載。

2001年度（③：2001年7月から2002年5月まで）

第13号：月の異称Ⅱ「水無月から師走まで」
『万葉集』から見た七、八世紀…歴史と言葉の絆について
「幸福」の日本語「幸」は新羅言葉／「再び飛鳥」(寄稿)
編集部のティータイム（合い言葉は「原文を探せ」）
※第9号の睦月から皐月までと併せ、師走までの12ヶ月を解読。月の異称は農耕と鉄のカレンダーだった。「魏志倭人伝」の官職名シマコは「鉄集め人」ヘココは「稲取り入れ官」。「鉄と稲」は古代の富の構図。

第14号：『続日本紀』の童謡を訓む
汗の結晶報われる（明日香取材同行記）
編集部のティータイム（「鉄物語」）
※『続日本紀』唯一の童謡は、白壁王こと光仁天皇の、政治的後ろ盾が鉄だったことを物語っていた。「能にあって能に非ず」といわれ、演者が精進潔斎して臨む神聖な謡曲「翁」のドウドウタラリとは何を意味するのか。

第15号：『万葉集』巻第12-3098
夏の難波の雨の中（大阪取材同行記）
「性愛歌なのか反体制の歌なのか」（『歌う歴史』より）
※娘を皇位につけようとしていた持統の思惑をよそに、勝手に結婚してしまった多紀皇女。驚いた持統の罵声と人々の批判の声を代弁した歌。この解読は第37号の道鏡出自解明に繋がる。

第16号：奈良・明日香の地名に迫る
吉野の鮎（明日香取材同行記）
※明日香地方は「どこを掘っても鉄が出る」。現地取材を交え、その地名の意味を解読。飛鳥・御所・葛城・橿原・磯城・曽我蛇穴・三輪・斑鳩・檜隈・狭井・忍坂……地名から歴史が見えてくる。

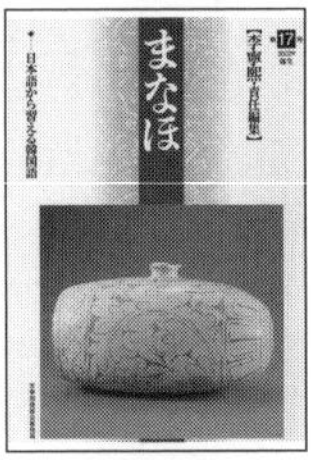

第17号：親善特集・日本語から習える韓国語「李寧熙の法則」を中心に
編集部のティータイム（白兎物語）
※古代韓国語は法則に従って整然と日本語に成り変わった。法則を適用すれば日本語から韓国語に行き着くことができる。語源が分かると、日本語の意味も鮮明になる。「李寧熙の変転の法則」1～5まで。

第18号：日本語から習える韓国語Ⅱ／韓日単語対応表
※李寧熙の「変転の法則」続き：第17・18号で取り上げた単語の日・韓対応表を収録。日本語125単語の語源が一挙に判明。幼児語・儀式用語・技術用語は変化しない。ハッケヨイ・残った・つるぎ・鎌・めんめ・まんま……現代日本語にそのまま使われている古代韓国語の数々。

2002年度（④：2002年7月から2003年5月まで）

第19号：（韓国国宝）「迎日冷水里新羅碑」碑文の解読・地名・人名を中心に／神光取材同行記／狭井川のことなど（寄稿）
※韓国内現存最古の新羅碑に記された文章は鉄の採取権を保証する内容だった。新羅男は日本に渡り、神になった。日本神話が甦る503年の記録。

第20号：（国宝）「隅田八幡人物画像鏡銘」銘文の解読・地名・人名を中心に／編集部のティータイム（20号記念鼎談・『日本書紀』の読み方）
※銘文は新聞記事のように単純明快だった。503年は日本で本格的な製鉄が始まった古代日本産業革命の年。韓国国宝と日本国宝はどちらも鉄に関する記録だった。

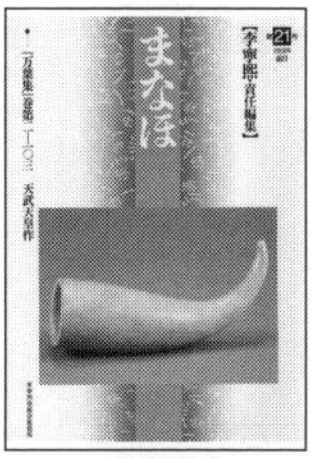

第21号：『万葉集』巻2-103・天武天皇作
王の地・知多（取材同行記）
「平成大直刀」作りと鹿島神宮「御船祭」
※捨て置いた妻、五百重娘に子供が出来た。うろたえる老天武。一見平凡な歌も衝撃的な二重歌だった。天武・文武父子に関わる法海寺取材で明らかになった知多の鉄関連地名解読も併せて収録。古代の製鉄場に現代の製鉄所がある不思議。古地名が証明する鉄産地。

第22号：『万葉集』巻2-104・藤原夫人作
鉄の王国美濃（取材同行記）／地名信濃を考える（寄稿）
※「相手は子だぞ」と詰め寄る天武に、「天皇に言おう」と藤原家の矜持で応える五百重娘。生まれた子新田部皇子は結局天武の子にされた。壬申の乱時、天武の食邑として重要な役割を果たした美濃は「鉄の王国」だった。美濃一宮南宮大社に伝わる「蛇山神事」の秘密に迫る。

第23号：『万葉集』巻3-262・柿本人麻呂作
編集部のティータイム（鉄物語）
※得意技「セクシャルな悪口」で成人した新田部皇子に「お前の本当の親父は新羅の浮気者、文武だ」と告げる人麻呂。人麻呂は藤原貞慧の落とし胤なのか。

第24号：神々の名前を解く
金砂田楽を見る
※福姫・曽福女・楽々福・菅福・素戔嗚…神々の名前を解くと、生身の韓国人が続々現れる。素戔嗚は召西奴の息子沸流なのか。古代出雲の製鉄は1世紀に始まっていた？

2003年度（⑤：2003年7月から2004年5月まで）

第25号：神々の名前を解くⅡ
　　　　奥出雲たたら同行記／たたら用語解読一覧
※可美葦牙彦舅尊・天照大神・大日孁貴・豊受大神・大穴牟遅・下照姫・稚國玉・味耜高彦根神・高皇産霊尊・比売許曽・金屋子神
※『書紀』冒頭の神は「鉄刀」をあらわす名前だった。最高神とされる天照はじめ、女神たちの名前を解くと「鉄」がぞろぞろ……。現地取材による考証をまじえ、解読。

第26号：蚩尤の謎を解く
　　　　編集部のティータイム（弥生繰り上がり大変記）
　　　　ブルガサリ（韓国の民話から）／宇陀野を行く（寄稿）
※中国・韓国の古史書に登場する蚩尤《チウ》天王。黄帝を悩ませた伝説の製鉄王は古代韓国語で「物作り王」をあらわす名前だった。

※『まなほ』16号で解明された明日香の地名から、鉄を求めて宇陀野を徹底的に探査した寄稿は今までの解読の正しさを証明した。鉄にまつわる韓国民話も紹介。

第27号：『万葉集』巻8-1608・弓削皇子作
　　　　弓削皇子探索レポート
　　　　編集部のティータイム（『万葉集』の詠まれ方）

※弓削皇子は、丹比真人こと新田部皇子に父親殺しを唆していた。
※新解読に基づき、『源氏物語』から実在人物を探し出す「探索レポート」『万葉集』と『源氏物語』は日本史真相追究の鍵だった。

第28号：『万葉集』巻8-1609・丹比真人作
　　　　宇陀の野に品治を探す／その後の但馬皇女と新田部皇子
　　　　編集部のティータイム（同行記こぼれ話）
※「親父を殺せ」と迫る弓削に、毅然と「父と対決せぬ」と応える新田部皇子。相聞歌が詠まれたのは持統10年7月～8月と判明。

第29号：謎の地名・人名を解く
　　　　天神様の謎に迫る／「猿投・挙母」同行記
　　　　風の神シナツヒコを追って（寄稿）
※愛知県豊田市の旧名挙母に秘められた古代史。周辺難訓地名の解読から天智・天武の葛藤も見える。天神様こと菅原道真も、製鉄関連者だった。

第30号：役行者の謎を解く
　　　　役行者覚え書き／役行者と『源氏物語』
※修験道の祖、役行者は新羅に渡り、新羅郷歌『老人献花歌』を遺していた。『老人献花歌』の一部新解読で真実に迫る。役行者と『源氏物語』の接点とは何か。

2004年度（⑥：2004年7月から2005年5月まで）

第31号：『万葉集』巻4-696・石川広成作
銅鐸の出土地を考察する（その１）（寄稿）
編集部のティータイム（「李寧熙後援会」5周年を迎えて）
※文武の息子広成は始祖品治に呼びかける歌を詠っていた。天日槍の但馬は品治の鉄の場でもあった。寄稿では出土地の実地踏査記録で銅鐸と鉄の関連が見えてくる。ティータイムでは出会いの数々を紹介。

第32号：『万葉集』巻8-1600・1601・石川朝臣広成作
『源氏物語』と石川広成
銅鐸の出土地を考察する（その２）（寄稿）
※「自分が鉄作りをしに行けるよう頼んでくれ」広成は大伴家持に転職嘆願書を書いていた。皇子として『源氏物語』に登場していた広成兄弟。『源氏物語』と実在人物の比較系図掲載。

第33号：『万葉集』巻8-1539・1540・聖武天皇作
銅鐸の出土地を考察する（その3）（寄稿）
※聖武は「東国へ逃げた」のではなく、鉄を取り戻しに行ったのだった。濊の復興へ情熱を掛ける聖武の悲願が東大寺だった。寄稿は判明している銅鐸出土地300箇所の約半数150箇所の実地踏査記録完結編。

第34号：『万葉集』巻6-1209・大伴家持作・巻6-1030・聖武天皇作
大伴家持と『源氏物語』
編集部のティータイム（「鉄お呉れ」神社に初詣）
※「製鉄場を把握しに行きましょう」とはっぱをかける家持、「そっくり戴こう」と応じる聖武。二人の深い絆がよく分かる。ティータイムでは月読命の正体を追究。大伴家持・坂上郎女・聖武関係略図掲載。

第35号：新解読「や」を解く
編集部のティータイム（名は体を表す）／「や」拾い書き
※「八」が作った国日本・「国生み神話」の謎の言葉を解読。伽耶と倭を繋いだ兄妹イザナギは「繋ぎの開祖」イザナミは「繋ぎの女王」だった。

第36号：『万葉集』巻19-4268・孝謙天皇作
宝鏡寺取材同行記／『まなほ』既刊案内
※鉄の天皇聖武の娘は、鉄づくりにも精通していた。未曾有の鉄大消費、東大寺建立の最中「夏だからといって遊んでいるのは何事！」と大叱責。孝謙は結婚していた。夫は「皇太子」道祖と大炊の二人。

2005年度（⑦：2005年7月から2006年5月まで）

第37号：『万葉集』巻19-4268・孝謙天皇作・裏訓み
編集部のティータイム（解読裏話あれこれ）
難波の比売許曽神社
※孝謙の夫道祖と大炊、道鏡は、文武の孫だった。大炊の父、舎人皇子出生秘話と、道鏡の出自を解明。8世紀「日本天皇家系真図」掲載。

第38号：『万葉集』巻13-3312・作者未詳
「夢に見る泊瀬」（長谷寺取材同行記）
編集部のティータイム（「飛騨高山取材」こぼれ話）
※夜這いする天皇とは何者？スメロキとは「鉄山国王」の意だった。終句には孝謙への警告も……。孝謙没時の『続紀』の記録は謎だらけ。

第39号：「猿蟹合戦」を解く
「蟹満寺探訪」（長谷寺取材同行記）／地名平尾を辿る（寄稿）
編集部のティータイム（溶接工場取材記）
※五大昔話の一つ「猿蟹合戦」には鉄を廻る葛藤が隠されていた。登場人物猿・蟹・臼・栗・牛の糞の正体は？韓国版「猿蟹合戦」である「おばあさんの虎退治」とはどう繋がるのか。寄稿での地名「平尾」は本当に鉄関連地なのか。全国50余の三分の一を検証。

第40号：日本書紀歌謡69・木梨軽皇子作
編集部のティータイム（講演報告）
巾着田の曼珠沙華と高麗神社を訪ねて
一時間100単語「足」から「私」まで
※木梨軽皇子と軽大娘兄妹の情事に政変まで、再創作された歌からは天智と間人兄妹が双子だったことや家系まで明らかになる。東京・大阪での来日講演報告と日本語の語源100単語一覧表も掲載。

第41号：日本書紀歌謡69の真相を明かす
伊予・道後温泉を検証する
編集部のティータイム（40号までを振り返って）
※『書紀』の謳う「万世一系」は大ウソだった。天武の子・文武の子が天智の子とされ、実子は消され、「そして、誰もいなくなった」『万葉集』の新解読から再構成された「真の系図」も掲載。

第42号：桃太郎の謎を解く
※五大昔話の一つ「桃太郎」に隠された秘密を解読。桃太郎は高市皇子だった。お供の犬・猿・雉は誰か？気比神宮にあった桃太郎神像の謎は？皇子と名を取り替えた気比大神とは何者？高市皇子のダブルイメージ安閑・宣化天皇の和風諡号が証言するものは。

2006年度（⑧：2006年7月から2007年5月まで）

第43号：釜石の地名と虎舞の謎
釜石同行記
※なぜ虎のいない日本の、しかも東北地方の太平洋沿岸で「虎舞」が舞われているのか。ヒントは日本海を流れる超高速海流にあった。
「かまいし」の語源は「「魚を干すところ」という従来説をばっさり。東北地方の地名「アイヌ語源説」は、枕詞同様巨大な屑籠。

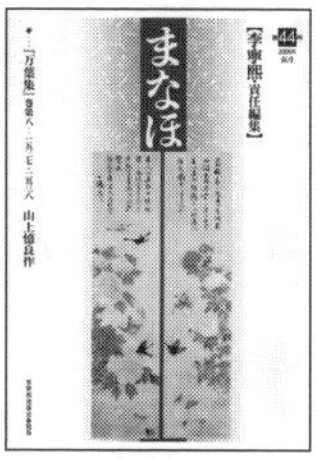

第44号：『万葉集』巻8-1537・1538・山上憶良作
編集部のティータイム（秋の七草のフシギ）
多氏一族の足跡を訪ねる（寄稿）
『原色牧野植物図鑑』による「秋の七草」
※「萩・尾花……」広く親しまれる「秋の七草」はこの憶良の歌に始まるとされる。秋の花を列挙しただけに見せかけた歌は、二首で「鉄を取り戻しに行け」と聖武を叱咤激励していた。

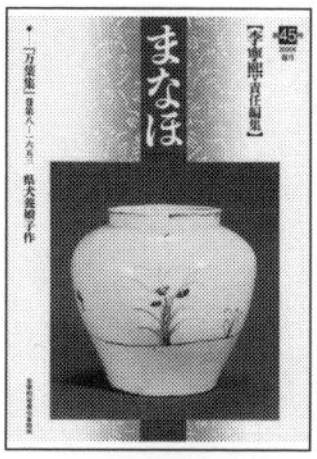

第45号：『万葉集』巻8-1653・県犬養娘子作
『源氏物語』と県犬養宿禰橘三千代
多氏一族の足跡を訪ねる（寄稿）
※不比等の妻県犬養三千代は文武の息子高安王を生んでいた。衝撃の事実はまたしても『源氏物語』に裏付けられた。

第46号：『万葉集』巻8-1654・大伴坂上郎女作
『源氏物語』と坂上郎女／古代宮廷人物比較系図
「花祭り」を見る
編集部のティータイム(謡曲「翁」は鉄作りの歌)
※『万葉集』に84首を残した大伴家の家刀自、坂上郎女は三千代と文武を「いい気味だ！」と詠っていた。

第47号：『人丸秘密抄』の謎を解く
『源氏物語』と柿本人麻呂
「人麻呂の里を訪ねて」（益田柿本神社同行記）
「柿本大明神」（柿本人麻呂秘伝はどのようにして生まれたか）
※歌聖として崇められた柿本人麻呂は、聖武天皇の実父。母宮子と人麻呂の関係を暴く江戸時代の秘伝書には暗号のように記されていた。聖武は父に捧げるため大仏を建立した。

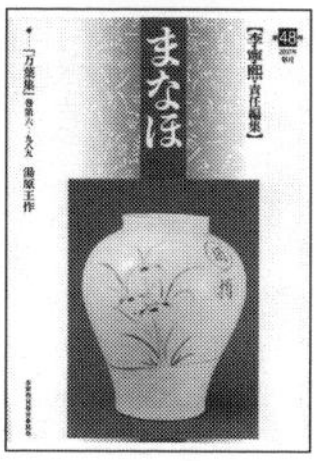

第48号：『万葉集』巻6-989・湯原王作
「怨霊物語」（湯原王の息子壹志濃王とは？）
編集部のティータイム（お花見四方山話）
※鉄城王こと志貴皇子の息子・光仁の兄湯原王は、酒を賄賂に鉄を入手していた。政権交代の嵐の中で必死に生き抜く姿があらわになる……

2007年度（⑨：2007年7月から2008年5月まで）

第49号：『万葉集』巻3-236・天皇作
『源氏物語』の中の草壁皇子／『源氏物語』比較系図
編集部のティータイム（『旧約聖書』から）
※草壁皇子は母持統の手の者に「縛られてころされた」？持統天皇に繰り返し草壁消しを囁いた志斐嫗とは一体何者？

第50号：「美しい日本語」の語源（上）
編集部のティータイム（語源あれこれ）／李寧熙の変転の法則
※あかつき・あずま・雨・霰……たから・かしわ・かっぽれまで「純やまとことば」こそ「純韓国語」だった。具体的な韓国語から「詩」へと昇華した日本語の数々。

第51号：「美しい日本語」の語源（下）
宗像同行記

※「大地に生える毛が木」「幸せをもたらす鉄器がさち」「日本美学の中心概念侘びと寂びとは？」たそがれは「誰そ彼」ではない

第52号：諡号「神武」「神日本磐余彦」を解く
「鬼の里国東」取材同行記
編集部のティータイム（ＤＮＡ鑑定の行方）
※天武天皇の前身は高句麗将軍淵蓋蘇文。筑紫・安芸・吉備・河内・草香……「神武東征」の道は「鉄の道」だった。

第53号：「美しい日本語」の語源Ⅱ（上）
糸島半島取材記／編集部のティータイム（両面宿儺の謎）
※身体語・天体語・数詞は基礎語の三つの柱で、この三つが一致すれば二つの言語は同系統と見做される。天体語「月」を中心に父・母・乳・時・名・菜・魚などの日本語語源を解明。

第54号：「美しい日本語」の語源Ⅱ（下）
編集部のティータイム（日本の従来の語源説は珍説・奇説・笑説？）

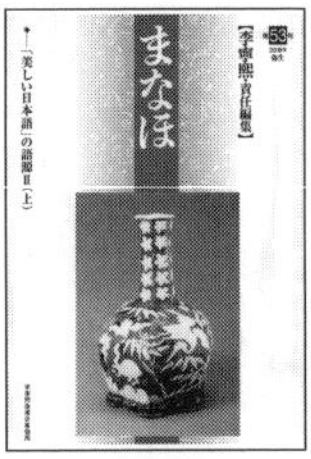

※「美しい日本語の語源」シリーズ最終回。「はじかみ」「ひなた」「ひねもす」「ひよこ」から「笑う」「われ」まで。「ひなたぼっこはひなたでホコリをあびるからか」「木の語源は草はクサクサとしているのに木はキッと立つ」からといった従来の語源説も紹介。

2008年度（⑩：2008年7月から2009年5月まで）

第55号：『万葉集』巻19-4224・藤原皇后作
　　『源氏物語』の光明子
※光明子はやはり文武の娘だった。父の住んだ吉野宮を修復して見まわる光明子と聖武。新羅言葉のつぶやきを側近が筆記していた。
※『源氏物語』がモデル小説であることを証明するモデルたちの群れ。紫式部のイジワルな設定も明らかに……。

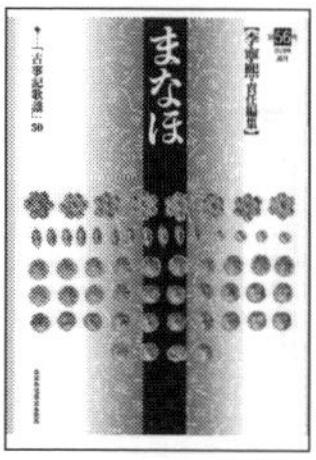

第56号：「古事記歌謡50」天皇作
　　編集部のティータイム（古い記憶を捨てない日本人）
　　『李寧熙が解いた古代地名を歩く』を出版して（寄稿）
※天皇が酒に酔って歌ったという歌には鉄作りの技術者を迎え、やれやれと胸をなで下ろす心情が吐露されていた。酒作りと鉄作り、セットの歌。

第57号：志貴皇子の秘密に迫る
　　『源氏物語』と鏡王女／ススコリの村を訪ねる（寄稿）
　　編集部のティータイム（ススコリ・瓜・七夕・東歌）
※志貴は父天武の影武者だった。東国の勢力掌握に活躍。死に行く鏡王女の願いに応え枕元に立ったのは影武者だった。第56号で解読されたススコリの村は京都郊外に実在した。酒屋神社も発見。実地踏査の記録。

第58号：『万葉集』巻1-27・天皇作
　　吉備の中山の姫社／編集部のティータイム（吉備路を訪ねて）
※「持統が文武の子を生んだ」吉野で密告者があらわれ、持統はついに天武に謝った。天武は文武そっくりな舎人を「見よ、見よ」と叫ぶ。岡山で偶然発見した女神ヒメコソは鉄の女神。

第59号：和風諡号「足《たらし》」に迫る
　　編集部のティータイム（諡号の魅力）
　　玄界灘沿岸、北部九州を歩く（上）（寄稿）
※8人の天皇と1人の皇后の諡号につけられた「足」は、朝鮮半島からの「逃亡者」を指す名称だった。「足」のつく和風諡号に迫る。寄稿はいち早く日本列島にやって来た濊の人々の足跡を糸島半島を中心に実地踏査。

第60号：『催馬楽』真金吹／編集部のティータイム（諡号の魅力）
　　玄界灘沿岸、北部九州を歩く（下）（寄稿）
※催馬楽はサイバラ「鉄続き野」の意。サガ（鉄磨ぎ）天皇は平安文化の礎を築いた。寄稿は福岡・宗像を中心に、韓国茶戸里まで足を伸ばした実地踏査の後編。

2009年度（⑪：2009年7月から2010年5月まで）

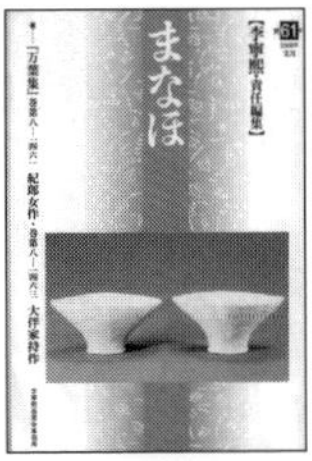

第61号：『万葉集』巻8-1461・紀郎女作・巻第8-1463大伴家持作
信濃を訪ねる（前編）／編集部のティータイム（「恋」物語）
『まなほ』既刊の内容
※紀郎女は夫に代わり合歓に託して家持に鉄をねだっていた。鉄城一家の没落を実感させる切実な歌。家持は明確な返答を避けた。

第62号：『万葉集』巻8-1465・藤原夫人作
花散里はもうひとりの五百重娘／信濃を訪ねる（後編）
※文武の子新田部を生んだ五百重は、文武に「鉄城王よ鉄を取りに行け」と叱咤していた。『万葉集』の「ほととぎす」は殆ど文武の別名だった。7年に一度、善光寺のご開帳に誘われて出かけた信濃は巨大古墳・銅鐸・銅剣同時出土と「鉄出る地」の名に恥じない古代王国だった。

第63号：『万葉集』巻8-1466・志貴皇子作
編集部のティータイム（ほととぎす）
寄稿・信濃路を歩く（上）
※五百重に従って文武は鉄を取りに行った。突然訪問され困惑する志貴に文武は「手を結ぼう」と提案。

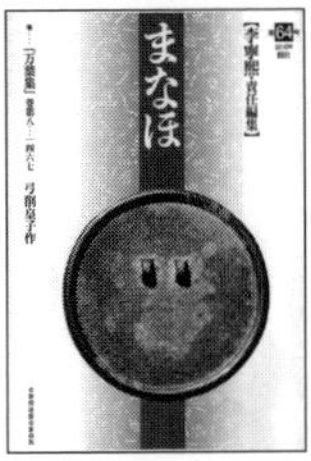

第64号：『万葉集』巻8-1467・弓削皇子作
編集部のティータイム（ほととぎすその2）
寄稿・信濃路を歩く（下）
※弓削は志貴に「長皇子を巻き込んで鉄野を掌握しよう」と提案。品治を皇位につけるべく動こうとしていた。信濃路を北から南まで歩いて古代信濃の人や文化の流れは日本海からと検証した寄稿「信濃路を歩く」の完結編。

第65号：『万葉集』巻1-73・長皇子作
昔脱解と金首露王
編集部のティータイム（『鉄を制する者国を制す』）
赤塚諏訪神社の田遊び
※長皇子は製鉄巫女を連れて海を渡り、鉄作りで文武の登極に尽力する意志を宣言した。

第66号：シナノ　信濃の地名と方言を考察する
慶州取材記／編集部のティータイム（シナノ物語）
※鉄のシナノ各地の地名は鉄に溢れていた。「21世紀に残したい信濃方言」ナンバーワン「ずく」は、やはり古代韓国語だった。

2010年度（⑫：2010年7月から2011年5月まで）

第67号：『万葉集』巻1-2・舒明天皇作
編集部のティータイム（諡号は語る）／越路を歩く（1）（寄稿）
※舒明こと百済武王が香具山から見た煙は「民の竈」と「製鉄の煙」。
舒明の「国見歌」は「ヤマトと百済讃歌」だった。
古代の表玄関越の国。福井県南越前町から北上し、検証開始。

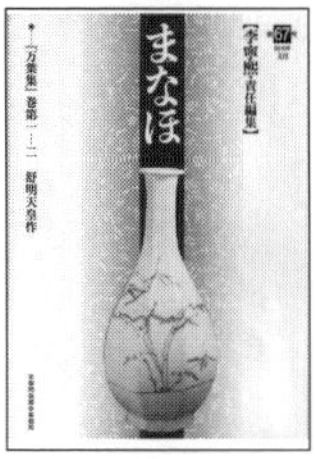

第68号：『万葉集』巻14-3374・武蔵国歌
編集部のティータイム（名月・武蔵野・下野）
藤原氏のルーツ、昌寧を訪ねる（寄稿）
『まなほ』既刊の内容
※孝謙と道鏡は東で国造りをしていた。東歌はやはり「報告書」だった。王陵級の王墓から日本式割竹木棺が発掘された韓国慶尚南道昌寧は藤原氏のルーツの地。光と水の地、古代火非伽耶実地調査記録。

第69号：『万葉集』巻16-3827・長忌寸意吉麻呂作
二組の双子の天皇／越路を歩く（2）（寄稿）
※『まなほ』創刊号で人麻呂の歌と共に解読された長忌寸奥麻呂の巻第3-265歌は人麻呂の死に繋がる歌だった。双六の数字をよんだ単純な歌に見える巻16-3827歌も、双子姉妹が天皇位を継承した証言歌だった。
※『書紀』顕宗・仁賢紀に書かれていた元明と元正の記録。
前編福井県に引き続き、石川県を経て富山に至る越路の検証では、伽耶人から高句麗人の足跡を目にできた。

第70号：『万葉集』巻3-393・満誓沙弥作
養老改元の真相／69号までを振り返って
※満誓沙弥こと笠朝臣麻呂は、双子の姉元正Ａの夫だった。不比等は双子の妹元明とも関係を持つ。元正は二人いた！

第71号：『万葉集』巻1-76・元明天皇作
『続日本紀』の書かれ方／編集部のティータイム
古代伽耶の地を訪ねて（前編）（寄稿）
※申年に殺された人麻呂の亡霊が女帝を恐喝する。平城遷都の理由は申年の恐怖だった。

第72号：『万葉集』巻1-78　一書云、太上天皇御製
編集部のティータイム（「東日本大震災」）
古代伽耶の地を訪ねて（後編）（寄稿）
※歌の作者は元明天皇ではなかった。明日香に残るという姉の言葉に捨て台詞で応える元明。元正Ａは二度即位していた事実も明らかに……。

2011年度（⑬：2011年7月から2012年5月まで）

第73号：『万葉集』巻1-79・或本、藤原京より寧楽宮に遷りし時の歌
編集部のティータイム（双子物語）／既刊案内
※作者不詳の歌は元明の姉元正Ａの作だった。一緒に平城京に移ろうという妹に毅然と「奈良へは通う」と宣言。

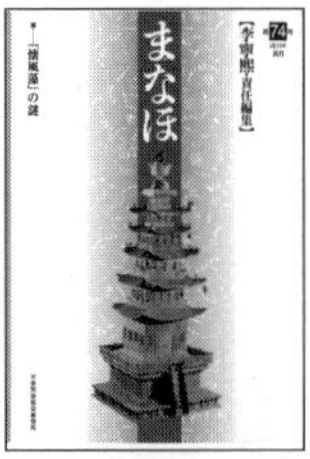

第74号：『懐風藻』の謎
編集部のティータイム「漢字のことなど」
「大和の中の加耶」（寄稿）
※日本最古の漢詩集は『万葉集』新解明の鍵だった。葛野王・文武天皇・長屋王そして『万葉集』に一首も残していない藤原不比等の作品を通して、歴史を探る。

第75号：日朝古代交流の真相―『三国遺事』などの記事をもとに
細烏女の足取り／アメノヒボコの足跡を辿る（寄稿）
※『書紀』の新羅王子天日槍は『三国遺事』の延烏郎だった。延烏郎は鉄作りをするため日本へ渡った。目的は昔氏の復権だった。弟伐休王の即位でその目的は達せられた。
※延烏郎の妻細烏女はどうやって日本に来たか、また延烏郎こと天日槍の足取りはつかめるのか。

第76号：「栲衾新羅の国」の謎を解く
岡山の地名をたどる
編集部のティータイム（新羅伐休王は昔脱解の孫）
※「栲衾」は栲で作った「布団」ではない。眩い金銀で彩られた新羅讃歌。「長刀」の意の吉備こと岡山は「鉄のワンダーランダ」だった。

第77号：牛窓「唐子踊り」の謎を解く①行事に迫る②歌詞に迫る
出雲路を歩く（その一）（寄稿）
※唐子踊りは伽耶の稚児舞。鉄鉱石を探しに地中へ向かう少年の姿を再現したものだった。踊りの振り・歌詞から真相に迫る。寄稿は李寧熙先生解読の出雲各地を実地踏査。

第78号：神功皇后の謎を解く―「書紀」「新羅征伐」を解体すると……
出雲路を歩く（その二）（寄稿）
編集部のティータイム（閏年あれこれ）
※神功皇后とは持統のこと。新羅の反文武クーデター首謀者を懲戒した事実が「新羅征伐」の真相だった。

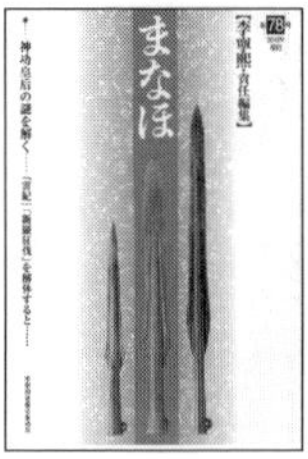

2012年度（⑭：2012年7月から2013年5月まで）

第79号：前方後円墳の謎を解く
前方後円墳について／金蔵山古墳の埴製盒子
編集部のティータイム（「考える」）
※前方後円墳は韓半島から移動した。前方後円墳の「前方」部は鉄器倉庫だった。韓国固城現地取材をまじえた考察。

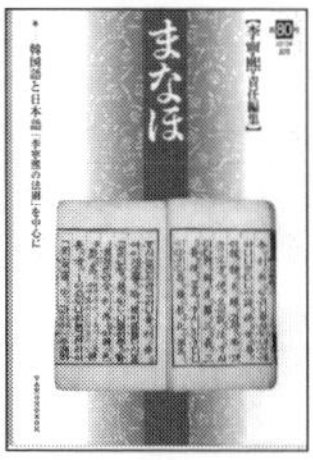

第80号：韓国語と日本語「李寧熙の法則」を中心に
編集部のティータイム（80号を迎えて）
※法則に則って、日本語と化した韓国語。十二法則を一挙掲載。

第81号：応神天皇の謎を解く
王仁の足跡を辿る／上野公園の王仁碑
出雲路を歩く（その三）（寄稿）
※応神天皇とは、百済王子辰孫王と新羅王文武のダブルイメージで作り上げられた天皇だった。百済から王仁博士の顔で来日した辰孫王は、日本で二番目に大きな前方後円墳の主になった。

第82号：『万葉集』巻第2-85・磐姫皇后作
編集部のティータイム（水田のことなど）
出雲路を歩く（その四）（寄稿）
※応神天皇皇后磐姫は何故、八田皇女にあれほど嫉妬したのか。日本史における濊の存在の大きさがうかがい知れる一首。

第83号：「日本書紀歌謡41」
小豆島の応神天皇
編集部のティータイム（「一万時間の法則」など）
※もう一人の応神こと文武大王は、炭を作って新羅に送っていた。100万都市ソラボルを支えた鉄の陰に日本の炭があった。小豆島には島一番の景勝地寒霞渓をはじめ「お手植えのシンパク」など至る所に応神天皇にまつわる話が残る。応神天皇を祀る八幡神社が七社もあった。

第84号：『万葉集』巻第3-391・沙弥満誓作
笠氏の跡を辿る／編集部のティータイム（解読こぼれ話）
※二重義のハイライト「足柄山」は「韓のお姫さま」をあらわしていた。「尊いお方だったのに」という麻呂の後悔の歌。

2013年度（⑮：2013年7月から2014年5月まで）

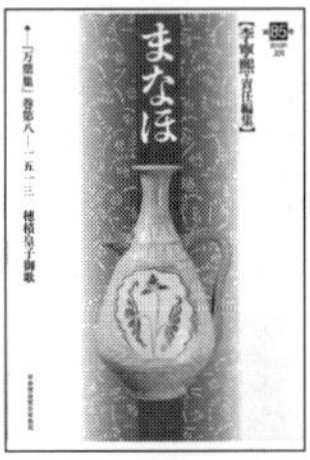

第85号：『まなほ』で読み解く日本史と日本語
天武天皇終焉の地、敦賀（寄稿）
※『まなほ』84冊で解読された日本史と日本語の総まとめ。八世紀日本天皇家真の系図掲載。(李寧熙先生骨折入院のため内容変更になっています)

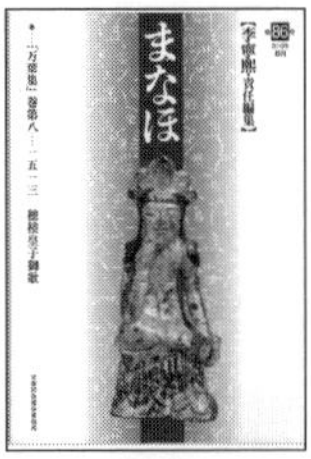

第86号：『万葉集』巻第8-1513・穂積皇子御歌
八雲立つ出雲／編集部のティータイム（語源新解読の楽屋話）
※不比等が企てた聖武立太子を「足りない」と批判。皇太子入れ替えを要求した穂積は消された？聖武はそっくり真似た歌で反論。

第87号：金庾信の息子たち
『源氏物語』の中の、金庾信の子どもたち／探訪・美作の鉄
編集部のティータイム(最古の文字を刻んだ土器と鉄剣のことなど)
愛隣文化賞授賞式写真
※日本の土台を作った文武。金庾信の子供たちは長男・次男・娘・孫までこぞって来日し、文武を支えていた。

第88号：「かぐや姫」を洗う
民話に見える竹
編集部のティータイム（女性文化賞のことなど）
李寧熙先生「女性文化賞」受賞
※かぐや姫は実在した。かぐや姫とは「製鉄国のお姫さま」を意味する名前だった。仲人は文武天皇。かぐや姫は全盛期の新羅王宮に迎えられた。

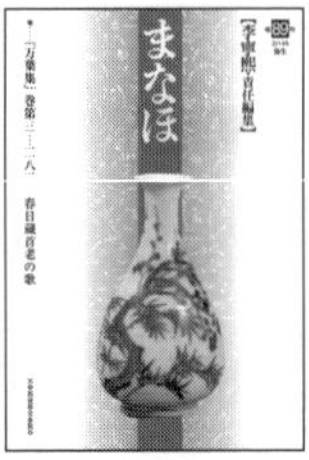

第89号：『万葉集』巻第3-282・春日蔵首老の歌
香春に比売許曽を訪ねる
編集部のティータイム（金、銀、銅の前に鉄！）
※春日蔵首老は新羅の都徐羅伐にあった青年エリート養成所出身の製鉄技術者だった。いやいやながら不比等に繋がると決心した文武のブレーンは不比等の息子の舅になった。

第90号：「金官伽耶」の謎を解く
日本の中の金官伽耶・仕田原猛（寄稿）／金海取材同行記
※「鉄鉱石を砕き研ぐ国」の「生鉄里」には鉄・銀・鉛の採れる山があった。伽耶は日本に「引っ越し」した。証拠の神社が飛鳥に残る。
寄稿は考古遺物を中心とした金官伽耶の足跡を網羅。

2014年度（⑯：2014年7月から2015年5月まで）

第91号：「金官伽耶」没落の謎を解く―「唐子踊り」額の十字の謎も併せて
日本の中の阿羅伽耶・小伽耶・大伽耶・仕田原猛（寄稿）
丹生茶碗祭りを見る
※大男智証王率いる新羅に浸食された金官伽耶の日本での拠点は吉備だった。寄稿は日本中の伽耶人進出地を推定。
天日槍を祀る鉛錬比古神社のある滋賀県余呉町に伝わる「茶碗祭り」は「湖北の奇祭」と呼ばれる。五年ぶりに催行された祭りのレポート。

第92号：十返舎一九の辞世を解く
十返舎一九の墓
編集部のティータイム（方向を間違うと徒労に終わる）
※写楽こと金弘道を支えた十返舎一九の父は朝鮮通信使通訳。その辞世には、父の国を思う心情が吐露されていた。

第93号：ふしぎな宝島「竹島」を洗う
鬱陵島同行記／編集部のティータイム（江戸時代は面白い）
※『三国遺事』に登場する「萬波息笛」は「難事解決」を意味する笛名だった。笛が作られた竹の生える「竹島」を実地調査。鬱陵島からは独島が見えた。

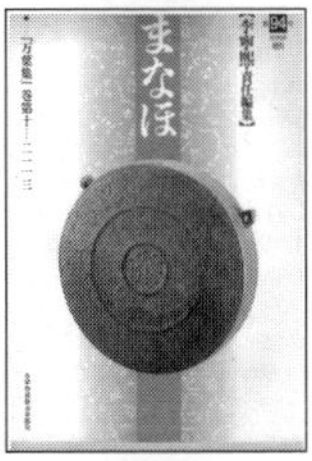

第94号：『万葉集』巻第10-2113
吉備の鉄を訪ねる
編集部のティータイム（解読奮戦記）
※棒抜きの初句を始め埒の明かない第二句、「よめた」はずの終句には二重詠みが隠されていた。今までの万葉解読では解けない手法で書かれた歌は、全文暗号で「ひとまとめにして助けよ」という命令だった。ティータイムではその解読裏話を紹介。

第95号：『万葉集』巻第8-1495・大伴家持作
大和路を歩く・仕田原猛（寄稿）
編集部のティータイム（志摩半島訪問）
「二シブ三頭八足の地」（韓国民話より）
※家持の歌で激しくけなされていたのは女帝元明だった。性交を表現する「霍公鳥」は文武の別名として使われていた。

第96号：『万葉集』巻第3-304・柿本朝臣人麻呂作
神武の上陸地・船出・発航の地を巡る
編集部のティータイム（「鉄取材」回想記）
※人麻呂の「所念」で終わる歌は、天武に対し「実子文武に気をつけよ・防備せよ」と呼びかけていた。

2015年度（⑰：2015年7月から2016年5月まで）

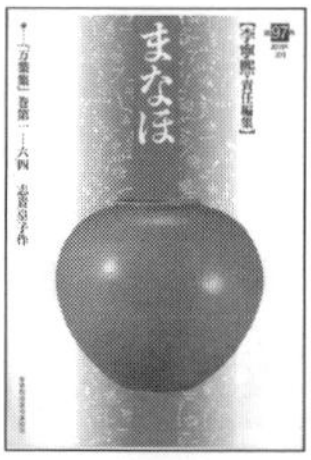

第97号：韓半島から日本列島への道／隠岐訪問
※日本海に浮かぶ島隠岐を経て日本へやって来た人々の群れには、三輪の神になった新羅男や神功皇后の祖先、知恵と医薬の神少彦名やオロチ退治で有名な素戔嗚、役行者といった多彩な顔ぶれが並ぶ
※李寧熙先生の入院で内容が変更になっています

第98号：『万葉集』巻第1-64・志貴皇子作
志貴皇子ゆかりの寺百毫寺
編集部のティータイム（「所念」をめぐって）
※文武の死を予測。鉄集め令を出して備えよという志貴皇子の歌の「所念」もやはり「防備せよ・備えよ」であった。
志貴皇子の山荘を寺にしたという百毫寺に残る不動明王など憤怒の像たちは志貴の怒りを表しているのか。

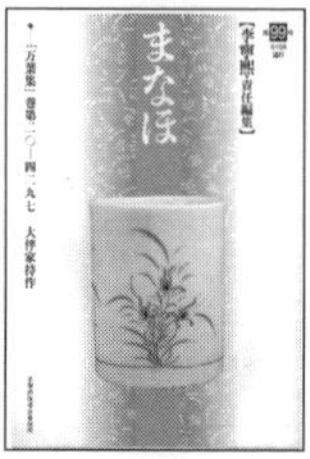

第99号：『万葉集』巻第20-4297・大伴家持作
隠岐経由の濊人たち（その2）
編集部のティータイム（祭祀のことなど）
※志貴ゆかりの百毫寺は「手寸十名相」（94号）で詠まれた志貴皇子たちの「隠れ家」であった。家持は高円の地に祭祀を捧げるため酒壺を持って行った。

第100号：『万葉集』巻第20-4516大伴家持作
編集部のティータイム（百号！）
弓削島を訪ねる
※『万葉集』の最後の歌、家持が公式行事で詠んだ歌は、「夜も仕事（武具作り）を続けよ」との激励の句で終わっていた。新羅との決別を念頭に置いた作。日本は独自の道を歩み始めた。

第101号：『万葉集』巻第9-1665作者未詳
蛭子・少彦名・昔脱解・八束水臣津野命そして一寸法師は同一人物
まなほ百号を振り返る
※百済人斉明に同行した男は新羅言葉で歌を詠んでいた。

第102号：『万葉集』巻第9-1667文武天皇
まなほ百号を振り返る2
既刊102号まで
李寧熙先生のご挨拶「不飛不鳴」
※後押しをしてくれた志摩の人々に入手したものを分け与えるという文武の宣言歌は実行された。

『まなほ』購入申し込み先
〒230-0078神奈川県横浜市鶴見区岸谷4-4-1-1004
「李寧熙後援会」事務局　Tel.Fax　050-7554-3798

李寧熙《イヨンヒ》解読語源一覧表

天体・自然に関する言葉

あ・あぜ（畔・畦）86・199
あま（天）86・199
あめ（雨）87
あら（海）87
あられ（霰）87
いざよい（十六夜・いざよひ）88
いし（石）88
いずみ（泉・いづみ）88
いなづま（稲妻）88
いなつるび 89
いなびかり（稲光）89
いわ（岩・巌・磐・いは）89
うしお（潮・うしほ）90
うみ（海）90・21
うら（浦）90
おうみ（淡海・あふみ）90
おか（丘・岡・をか）90
かげろい（かげろひ）91
かぜ（風）91
かた（潟）91・199
かわ（川・かは）91・196
くも（雲）91
こおり（氷・こほり）91
さか（坂）92
さわ（沢・さは）92
しお（潮・しほ）92
しおさい（潮騒・しほさひ）92
しぐれ（時雨）92
しま（島）93
しも（霜）93
そら（空）93
た（田）94
たき（滝）94
たけ（嶽・岳）94
たに（谷）94
たんぼ（田んぼ）95
つ（津）95
つき（月）95・118
つく（月の東国方言）95
つち（土）182
つゆ（露）95
つゆ（梅雨）96
つらら（氷柱）96
とうげ（峠）96
なぎ（凪）96
にき（和・熟）96
なみ（波・浪）96
ぬま（沼）97
ま（間）97
の（野）97
はた・はたけ（畑）97
はま（浜）97
はやし（林）97
はら（原）97
ひ（日・陽）97
ほ（乾・乾し）98
ひ（火）98
ひ（氷）98
ひがた（干潟）98
ひさめ（大雨）98
ふぶき（吹雪）98
ほし（星）99
み（海）99
みず（水）99
みぞれ（霙）100
みち（道）100
じ（路）100
みね（嶺・峯）100
もや（靄）100
もり（森）100
やま（山）101
ゆうづつ（太白・金星・ゆふづつ）101
ゆう（夕・ゆふ）101
ゆき（雪）101
ゆら（温羅・由良）101
ゆ（湯）101・146
ゆり（百合）101・146
わた・わだ（海）102
わたつみ（海水）102
ゐ（井）102
ますらお 102
守る 102
虎になる 103
どら 103
のら 103

やまとことば

参考文献

李寧熙著作物
『もう一つの万葉集』（文藝春秋刊）（1989 年）
『枕詞の秘密』（文藝春秋刊）（1990 年 4 月発行）
『天武と持統』（文藝春秋刊）（1990 年 10 月発行）
『日本語の真相』（文藝春秋刊）（1991 年 6 月発行）
『フシギな日本語』（文藝春秋刊）（1992 年 4 月発行）
『甦る万葉集』（文藝春秋刊）（1993 年 3 月発行）
『怕ろしきものの歌』（文藝春秋刊）（1993 年 10 月発行）
『もうひとりの写楽』（河出書房新社刊）（1998 年 6 月発行）
☆『歌う歴史』（原題ノレハヌンヨクサ）（朝鮮日報刊）（1994 年 9 月）
「記紀・万葉の解読通信」（もう一つの万葉集を読む会）（1990 年〜1998 年）
『まなほ』（李寧熙後援会）（1999 年 7 月〜2016 年 5 月）

『広辞苑』（岩波書店）
『学研漢和大字典』（学習研究社）
『古語大辞典』（小学館）
『国語大辞典』（小学館）
☆『漢韓大辭典』（東亜出版社）
☆『民衆エッセンス韓日辭典』（民衆社）
『原色牧野新日本植物図鑑』（牧野富太郎・北隆館）（昭和 57 年刊）
『野草の名前―春』（高橋勝雄・山と渓谷社）
『薬草博物誌』（安田齊・東海大学出版会）
『和漢三才図会』
『古代朝鮮語と日本語』（金思燁・明石書店）
『語源辞典―植物編』（吉田金彦編著・東京堂出版）
『図説草木名彙辞典』（木村陽二郎監修・栢書房）
『日本植物方言集成』（八坂書房）
「大和本草」スギ項（貝原益軒編纂）
『古事記伝』本居宣長
『日本語の起源』（大野晋・岩波新書）
『魏志倭人伝』（『三国志・魏書』岩波書店）
『後漢書』東夷伝（岩波書店）
『古事記』『日本書紀』（岩波書店）

『万葉集』(小学館)
『三国遺事』(一然著・六興出版)
☆韓国農植物資源名鑑(一潮閣)
☆韓国樹木図鑑(図書出版アカデミー書籍)
『日本語—歴史と構造』(ロイ・アンドリュー・ミラー・三省堂・昭和四十七年十一月初版発行)
『全国方言辞典』(東條操編・東京堂出版)
『語源大辞典』(堀井令以一・東京堂)
『ひらがなでよめばわかる日本語のふしぎ』(中西進・小学館)
『コンサイス日本地名事典』(三省堂)
『日本相撲史』(酒井忠正、大日本相撲協会 ・1956))
『日本語の悲劇』朴炳植・学習研究社
『日本語の誕生』(安本美典・本多正久、大修館書店)
『人間の歴史』(安田徳太郎・光文社)
『万葉集の謎』(安田徳太郎・光文社)
『日本語練習帳』(大野晋・岩波新書)
『日本語の起源』(大野晋・岩波新書)
『日本語の起源—新版』(大野晋・岩波新書)
『日本語の形成』(二〇〇〇年五月大野晋・岩波書店)
『万葉集—全訳注原文付』(中西進・講談社)
☆は韓国出版物

あとがき

六歳年長の私の兄仕田原工《たくみ》は、東京上野音楽学校の声楽科に学んでいたが、結核を患い退学した。その後、作曲家を志し、信時潔教授に師事、大阪で私たちと同居していた。

兄はよく作曲のトレーニングに、三好達治の詩を用いた。

「遠き日、十とせあまりも遠き日に　われはも何を失いし……」

これは、そうした詩のひとつで、中に鷗《かもめ》が出てくる。

兄によれば、達治は鷗が元気に飛び立ったのを見て、自分が青春、若さを失ったのを知ったのだという。

本書の構想が固まりかけたある日、私は高槻市上牧にある本澄寺《ほんちょうじ》を訪ねた。境内に達治の墓があり、達治の甥の住職によって三好達治記念館が建てられている

「鷗が出てくる詩があったのですが、何という詩集だったのでしょうか」と奥様に尋ねたが、後ほどお伝えするとのことであった。数日経って、住職から電話があり、『艸千里』だとわかった。早速古書店から詩集を取り寄せた。

鷗《かもめ》どり

遠き日

十とせあまりも遠き日に
われはも何をうしなひし
なつかしき伊豆の浜べに
鷗どりうかびただよふ
見つつゐて今しさとりぬ
われはも何をうしなひし

三好達治は一九〇〇年生まれで、一九六四年心臓発作で急死する。『艸千里』は一九三九年の出版であるから、達治は四十に満たない歳で「私は十年以上前に若さを失った」と悟っているのである。

達治に比べて、私はたっぷり生きた。伴侶にも恵まれた。日本語の語源研究を除いて、今思い残すことはない。

本年は本書と、私が長らく関わってきた京都大学野球部ＯＢ会の『京都大学硬式野球部史（百二十年史）』が出版される。感慨無量である。

二〇一八年三月

仕田原　猛

韓国慶州雁鴨池にて
李寧熙女史・辻井一美編集長・妻順子とともに

おわりに

『まなほ』が終刊して半年ほどした二〇一六年秋のある日、仕田原猛さんからお電話をいただいた。今書いている原稿のチェックをお願いしたいという内容だった。しかし、二〇一七年の年が明けても連絡がなかった。原稿の進捗が遅れているると思っていたところ、奥様の順子さんから夜中に倒れて入院したこと、手術を受けたが下半身が全く動かないこと、そして一度奈良へ来ていただきたいと希望しておられるとの電話をいただいた。

数年前から健康を害され、杖をつかなければ歩けなくなって、それでも、精力的に各地を実地踏査していらした仕田原さんが、大量の原稿を手に車いすに座っておられた。二〇〇八年に自費出版された『李寧熙が解いた古代地名を歩く』のような書籍を想像していた私は、仕田原さんが『李寧熙が解いたやまと言葉の語源辞典』を目指して作業を進めていたと初めて知った。『語源辞典』は『まなほ』終刊後の「李寧熙後援会」の使命であるとは自覚していたが、中々着手できなかった。仕田原さんに背中を押していただいた。しかし、『語源辞典』はあまりに膨大な作業を必要とする。

仕田原さんの長年のライフワークであった「植物和名の語源」追求と様々な論文を中心として、一冊にまとめる作業をお引き受けした。「李寧熙後援会」に毎年「原稿料の一部」として賛助を続け、李寧熙先生の説を証明するため全国各地を歩き回って寄稿、李寧熙先生の取材来日の際には費用を全て負担して、下調べの上同行して下さるなど「李寧熙後援会」を影になり、日向になって支えて下さった。お手伝いできてうれしく思っている。

今回、『まなほ』会員の斎藤淳子さんに編集上たいへん助けていただいた。お礼申し上げます。

「李寧熙後援会」会報『まなほ』編集長辻井一美《ひとみ》

【著者略歴】

仕田原 猛（しだはら　たけし）

1936年、大阪市に生まれる。

大阪府立清水谷高校を経て、京都大学法学部に入学。

1960年卒業後、住友金属工業（現、新日鉄住金）に入社。人事・労務畑を歩む。

1999年「李寧熙後援会」の発足にともない会員となり、以後李寧熙説の正しさを証明するため、日本全国の古代遺跡・古社・古地名を実地踏査し、後援会会報『まなほ』に寄稿する。

著書『李寧熙が解いた古代地名を歩く』（2008年）ほか、著作多数。

やまと言葉を遡る
— 李《イ》寧《ヨン》熙《ヒ》の解読を基に —

二〇一八年四月二十六日　初版発行

著　者　仕田原 猛
編　集　辻井 一美
発行者　作井 文子
発行所　株式会社 海風社
〒550-0011　大阪市西区阿波座一—九—九
阿波座パークビル七〇一
ＴＥＬ　〇六—六五四一—一八〇七
振　替　〇〇九一〇—二—三〇〇〇六
印刷・製本　モリモト印刷 株式会社

ISBN978-4-87616-051-8